KORĖJOS VEGANŲ KURKNYGA

100 BURNOJE TIRPSTANČIŲ SVEIKOS GYVENSENOS RECEPTŲ KAIP KELIONĖ PER KORĖJIETIŠKOS VEGANIŠKOS VIRTUVĖS SKONIUS, INGREDIENTUS IR BŪDUS

Algirdas Gulbinas

Visos teisės saugomos.

Atsisakymas

Šioje knygoje pateikta informacija yra skirta kaip išsamus šios knygos autoriaus išnagrinėtų strategijų rinkinys. Santraukos, strategijos, patarimai ir gudrybės yra tik autoriaus rekomendacijos, o šios knygos skaitymas negarantuoja, kad jūsų rezultatai tiksliai atspindės autoriaus išvadas. Knygos autorius dėjo visas pagrįstas pastangas, kad Knygos skaitytojams pateiktų aktualią ir tikslią informaciją. Autorius ir jo bendradarbiai neprisiima atsakomybės už bet kokias netyčia aptiktas klaidas ar praleidimus. Knygos medžiagoje gali būti informacijos iš trečiųjų šalių. Trečiųjų šalių medžiagoje yra jų savininkų išsakytos nuomonės.

Knygos autorių teisės priklauso © 2022, visos teisės saugomos. Visą ar dalį šios knygos perskirstyti, kopijuoti ar kurti išvestinius kūrinius yra neteisėta. Jokia šios ataskaitos dalis negali būti atkurta ar platinama jokia forma be aiškaus ir pasirašyto raštiško autoriaus leidimo.

TURINYS

TURINYS 3
ĮVADAS 6
1. Korėjietiška pupelių varškės sriuba 8
2. Korėjos jūros dumblių sriuba 10
3. Sojų daigų sriuba 12
4. Gyeranbap su skrudintais jūros dumbliais 14
5. Korėjos BBQ trumpi šonkauliai 16
6. Chap Chee makaronai 18
7. Mung pupelių makaronų salotos 21
8. Saldžiųjų bulvių vermišeliai ir jautienos kepsnys 24
9. Aštrūs šalti makaronai 27
10. Aštrūs makaronai su kiaušiniu ir agurku 29
11. Aštrūs Soba makaronai 31
12. Korėjietiški makaronai su daržovėmis 34
13. Hotteok su daržovėmis ir makaronais 36
14. Veganiškas Bulgolgi sumuštinis 39
15. Korėjietiškas šoninės ir kiaušinių pyragas 42
16. Korėjos kario ryžiai 45
17. Zebra kiaušinių vyniotinis 47
18. Korėjietiški graikinių riešutų pyragaičiai 49
19. Street Toast Sandwich 51
20. Kepta daržovė 54
21. Saldūs korėjietiški blynai 57
22. Korėjietiškos virtos kriaušės 60
23. Korėjietiškas augalinio pieno ledo sorbetas 62
24. Korėjos ryžių pyrago iešmeliai 64
25. Korėjos braškių kivi vyniotinis pyragas 66
26. Korėjos tapijokos pudingas 69
27. Korėjietiškas aštrus ryžių pyragas 71
28. Keptos kriaušės Wonton traškučiuose Mascarpone 73
29. Sveikas saldus ryžių pyragas 75
30. Masono stiklainis lazanija 77
31. Miso imbiero detoksikacinė sriuba 80
32. Įdarytos saldžiosios bulvės 82
33. Kopūstų ir raudonųjų pipirų įdarytos bulvės 84
34. Juodosios pupelės ir Pico de Gallo įdarytos bulvės 86
35. Derliaus burbuliukų salotos 89

36. Buivolo žiedinių kopūstų burbuolių salotos 92
37. Mason jar runkelių ir briuselio kopūstų grūdų dubenys 95
38. Mason jar brokolių salotos 97
39. Mason jar niçoise salotos 99
40. Aštrūs tuno dubenėliai 102
41. Steak cobb salotos 104
42. Saldžiųjų bulvių maitinimo dubenėliai 107
43. Labai žalios mason indelinės salotos 109
44. Kvinojos bandelės kąsneliai 111
45. PB ir J Energijos įkandimai 113
46. Skrudintas morkų humusas 115
47. Matcha anakardžių puodeliai 117
48. Medaus-sezamo tofu 119
49. Shiitake ir sūrio mėsainių užkepėlė 121
50. Keptas Jambalaya troškinys 123
51. Baklažanais ir Tempeh įdaryti makaronai 126
52. Pupelių varškė su pupelių padažu ir makaronais 129
53. Cajun stiliaus tofu 132
54. Veganiška Tofu lazanija 134
55. Moliūgų ravioliai su žirneliais 136
56. Cukinijų makaronai su parmezanu 139
57. Migdolų sviesto tofu kepsnys 141
64. Quinoa avinžirnių Budos dubuo 143
65. Lipnus tofu su makaronais 146
66. Veganiškas BBQ teriyaki tofu 148
67. Plikytas tofu su ridikėliais 150
68. Rūkytų avinžirnių tuno salotos 153
69. Daigai su šparaginėmis pupelėmis 155
70. Grybų plovas 157
71. Veganiškos kopūstų salotos 159
72. Daržovių mišinys 161
73. Skrudintos pekano šparaginės pupelės 163
74. Kepti kopūstų daigai 165
75. Ant grotelių keptos daržovės 167
76. Mišrios žalios salotos 169
77. Tofu ir bok choy salotos 171
78. Veganiškos agurkų salotos 173
79. Tempeh ir saldžiosios bulvės 175
80. Korėjietiškos kvinojos salotos 178
81. Cilantro užpiltas avokado laimo šerbetas 181
82. Moliūgų pyrago sūrio pyragas 183

83. Mokos ledai 185
84. Vyšnių ir šokolado spurgos 187
85. Gervuogių pudingas 189
86. Moliūgų pyragas su klevų sirupu 191
87. Kaimiškas kotedžo pyragas 193
88. Šokoladinis amaretto fondiu 196
89. Plokštės su avietėmis 198
90. Vaisių rutuliukai burbone 201
91. Česnakų rančo padažas 203
92. Raudonųjų svogūnų ir kalendros užpilas 205
93. Dilly ranch kreminis padažas 207
94. Karštas cha cha padažas 209
95. Cajun stiliaus vinaigretė 211
96. Garstyčių vinaigretė 213
97. Imbiero ir pipirų vinigretas 215
98. Citrusinis vinigretas 217
99. Baltųjų pipirų ir gvazdikėlių trynimas 219
100. Sausas čili įtrinimas 221
IŠVADA **223**

ĮVADAS

„KORĖJOS VEGANŲ KURKNYGA: 100 Flavorful and Healthy Recipes" yra puikus vadovas kiekvienam, norinčiam ištirti turtingus Korėjos virtuvės skonius ir ingredientus su sveikais posūkiais. Šioje kulinarijos knygoje rasite 100 skanių ir maistingų veganiškų receptų, kurie padės pajusti tikrąją korėjietiško maisto esmę išlaikant sveiką gyvenimo būdą. Štai penki pagrindiniai šios kulinarinės knygos privalumai:

1. Receptų įvairovė: Kulinarijos knygoje pateikiamas platus receptų asortimentas – nuo tradicinių korėjietiškų patiekalų, tokių kaip bibimbapas ir japchae, iki šiuolaikinių veganiškų klasikinių korėjietiškų skonių interpretacijų. Niekada nenuobodžiausite šios kulinarijos knygos siūlomomis begalinėmis galimybėmis.
2. Informacija apie mitybą: visuose receptuose yra informacija apie mitybą, todėl galite lengvai stebėti savo dienos kalorijų kiekį. Ši informacija padės priimti pagrįstus sprendimus dėl mitybos įpročių ir užtikrinti, kad gausite visas reikalingas maistines medžiagas.
3. Lengvai sekami receptai: kiekvienas kulinarijos knygoje pateiktas receptas yra paprastas ir lengvai sekamas, su nuosekliomis instrukcijomis ir aiškiomis iliustracijomis. Nesvarbu, ar esate patyręs kulinaras, ar pradedantysis, greitai galėsite sukurti burnoje tirpstančius korėjietiškus veganiškus patiekalus.
4. Autentiškų ingredientų naudojimas: šios kulinarinės knygos receptuose naudojami autentiški korėjietiški ingredientai, todėl galėsite pajusti tikrus Korėjos virtuvės skonius. Naudojant šiuos ingredientus patiekalai taip pat tampa maistingesni ir skanesni, nes juose nėra konservantų ir priedų.

5. Sveika ir skoninga: šios kulinarijos knygos receptai yra sveiki ir skanūs, todėl tai puikus pasirinkimas visiems, norintiems gyventi sveikesnį gyvenimo būdą neprarandant skonio. Naudojant šviežias daržoves, ankštinius augalus ir prieskonius, kiekvienas receptas yra kupinas maistinių medžiagų ir skanių skonių, kurie leis jaustis patenkinti ir pamaitinti.

Apibendrinant galima pasakyti, kad „KORĖJOS VEGANŲ KURKNYGA" yra puikus šaltinis visiems, norintiems pajusti sodrius Korėjos virtuvės skonius ir išlaikyti sveiką gyvenimo būdą. Šioje kulinarijos knygoje yra daugybė receptų, informacijos apie maistingumą, lengvai vadovaujamasi instrukcijomis, autentiškais ingredientais ir sveikais bei skaniais patiekalais, todėl tai yra puikus vadovas kiekvienam, norinčiam tyrinėti Korėjos veganiškos virtuvės pasaulį.
!

1. Korėjietiška pupelių varškės sriuba

Paruošimo laikas: 15 minučių
Virimo laikas: 20 minučių
Porcijos: 4 asmenims

INGRIDIENTAI
- 1 valgomasis šaukštas česnako pastos
- 3 ½ stiklinės vandens
- ½ šaukšto dashi granulių
- 3 šaukštai korėjietiškos pupelių varškės pastos
- 1 cukinija, kubeliais
- ¼ svaro šviežių grybų, supjaustytų ketvirčiais
- 1/ šaukštas korėjietiškos aitriosios paprikos pastos
- 1 bulvė, nulupta ir supjaustyta kubeliais
- 1-12 uncijų pakuotė minkšto tofu, supjaustyto griežinėliais
- 1 svogūnas, supjaustytas

KRYPTYS
a) Į didelę keptuvę įpilkite vandens, suberkite česnaką, aitriąją papriką ir varškės pastas.
b) Kaitinkite, kol užvirs ir palaikykite 2 minutes, kad pastos ištirptų.
c) Tada sudėkite bulves, svogūnus, cukinijas ir grybus, išmaišykite ir vėl virkite dar 6 minutes.
d) Galiausiai įpilkite tofu, kai jis padidės ir daržovės suminkštės, patiekite į dubenėlius ir skanaukite.

2. Korėjos jūros dumblių sriuba

Paruošimo laikas: 15 minučių
Virimo laikas: 30 minučių
Porcijos: 4 asmenims

INGRIDIENTAI
- 2 arbatinius šaukštelius sezamo aliejaus
- 1-1 uncijos pakelis džiovintų rudųjų jūros dumblių
- 1 ½ šaukšto sojos padažo
- ¼ svaro jautienos nugarinė, malta
- 6 puodeliai vandens
- 1 arbatinis šaukštelis druskos
- 1 arbatinis šaukštelis malto česnako

KRYPTYS
a) Įdėkite jūros dumblius į indą su vandeniu ir uždenkite, leiskite mirkti, kol jie taps minkšti, tada supjaustykite 2 colių ilgio gabalėliais.
b) Įkaitinkite keptuvę, tada sudėkite aliejų, druską pagal skonį, jautieną ir ½ šaukšto sojų padažo, maišykite maišydami 1 minutę.
c) Tada sumaišykite jūros dumblius su likusiu sojos padažu, virkite dar 1 minutę.
d) Dabar įpilkite 2 puodelius vandens ir kaitinkite, kol pradės virti.
e) Supilkite česnaką su likusiu vandeniu, kai jis vėl užvirs, sumažinkite ugnį ir virkite ant mažos ugnies 20 minučių.
f) Pataisykite prieskonius ir patiekite.

3. Sojų daigų sriuba

Paruošimo laikas: 10 minučių
Virimo laikas: 30 minučių
Porcijos: 2-3 asmenims

INGRIDIENTAI
- 1 svogūnas, susmulkintas
- 2 puodeliai sojų daigų
- 2 šaukštai sojos padažo
- 2 skiltelės česnako, susmulkintos
- 5 puodeliai vandens
- 1 valgomasis šaukštas sezamo aliejaus
- 1-2 šaukštai raudonųjų pipirų dribsnių, jei norite
- 1 arbatinis šaukštelis druskos

KRYPTYS
a) Sojų daigą nuvalykite vandenyje, tada nusausinkite, pašalinkite visas nepageidaujamas dalis.
b) Į puodą įpilkite aliejaus ir, kai karštas, pakepinkite česnaką, tuo pat metu įpildami sojos padažo, virkite 3 minutes.
c) Supilkite vandenį ir sudėkite daigus ir pagardinkite, kaitinkite, kol pradės virti.
d) Dabar sumažinkite ugnį ir virkite ant silpnos ugnies 20 minučių uždengę dangtį.
e) Jei norite pridėti raudonųjų pipirų dribsnių, įdėkite juos į 5 minutes iki virimo pabaigos.
f) Nukelkite nuo ugnies ir patiekite dubenėliuose su smulkintu laiškiniu svogūnu ant viršaus.

4. Gyeranbap su skrudintais jūros dumbliais

Tarnauja 1

INGRIDIENTAI
- 1 puodelis virtų baltųjų ryžių, geriausia šviežių
- 2 arbatinius šaukštelius skrudinto sezamo aliejaus
- ¾ arbatinio šaukštelio sojos padažo ir daugiau pagal skonį
- 2 dideli veganiški kiaušiniai
- 1 (5 gramų) pakelis, sutraiškytas rankomis
- Kaparėliai, patiekimui
- Šviežiai malti juodieji pipirai

Instrukcijos
a) Įdėkite ryžius į vidutinį dubenį ir atidėkite.
b) Vidutinėje nepridegančioje keptuvėje ant stiprios ugnies įkaitinkite sezamų aliejų ir sojų padažą. Įmuškite veganiškus kiaušinius. Sumažinkite ugnį, jei purslų per daug, bet kitu atveju tiesiog kepkite, kol baltymai susitrauks, šiek tiek sutraškės aplink kraštus, o balta sritis aplink trynį nebeliks skysta, apie 1 minutę (jei jūsų keptuvė pakankamai karšta; ilgiau, jei ne). Be to, sojos padažas turėjo nudažyti baltymus ir burbuliuoti, pavirsti lipniu glaistu.
c) Keptus veganiškus kiaušinius užtepkite ant ryžių, apipilkite čiužiniu ir pabarstykite keliais kaparėliais. Pagardinkite pipirais. Prieš ragaudami viską sumaišykite su šaukštu. Čia galite reguliuoti prieskonius, prireikus įpilti daugiau sojos padažo.

5. Korėjos BBQ trumpi šonkauliai

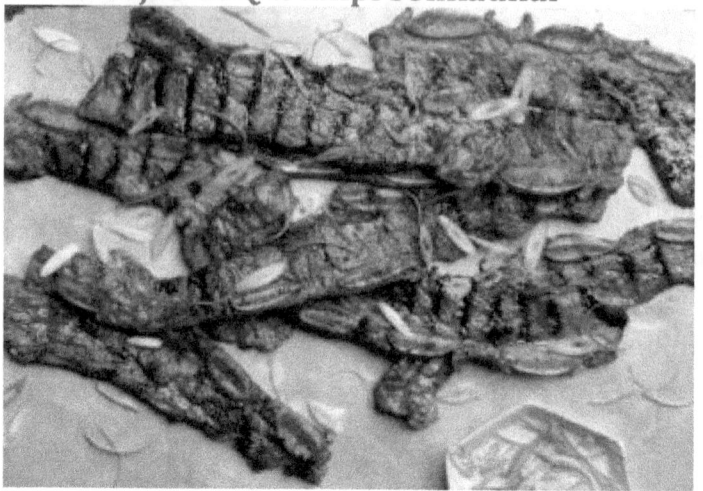

Paruošimo laikas: 15 minučių
Virimo laikas: 10 minučių
Porcijos: 5 asmenims

INGRIDIENTAI
- 3 šaukštai baltojo acto
- ¾ puodelio sojos padažo
- ¼ puodelio tamsiai rudojo cukraus
- ¾ puodelio vandens
- 1 valgomasis šaukštas juodųjų pipirų
- 2 šaukštai baltojo cukraus
- ¼ puodelio malto česnako
- 3 svarų korėjietiško stiliaus trumpi šonkauliai, perpjauti per kaulus
- 2 šaukštai sezamo aliejaus
- ½ didelio svogūno, susmulkinto

KRYPTYS
a) Stikliniame arba nerūdijančio plieno dubenyje sumaišykite actą, sojos padažą ir vandenį.
b) Dabar supilkite du cukrų, aliejų, svogūną, pipirus ir česnaką, plakite, kol cukrus ištirps.
c) Šonkauliukus sudėkite į padažą ir uždenkite maistine plėvele, padėkite į šaldytuvą mažiausiai 7 valandoms.
d) Kai būsite pasiruošę gaminti, įkaitinkite sodo groteles.
e) Išimkite šonkauliukus iš marinato ir kepkite ant grotelių 6 minutes iš abiejų pusių, o tada, kai bus paruošta, supilkite.

6. Chap Chee makaronai

Paruošimo laikas: 35 minutės
Virimo laikas: 20 minučių
Porcijos: 4 asmenims

INGRIDIENTAI

- 2 svogūnai, smulkiai pjaustyti
- 1 valgomasis šaukštas sojos padažo
- 1 arbatinis šaukštelis sezamo sėklų
- 1 valgomasis šaukštas sezamo aliejaus
- 1 skiltelė česnako, susmulkinta
- ¼ arbatinio šaukštelio juodųjų pipirų
- 2 šaukštai augalinio aliejaus
- 1 arbatinis šaukštelis cukraus
- ½ stiklinės smulkiai pjaustytų morkų
- ⅓ svaro jautienos nugarinė, supjaustyta plonais griežinėliais
- ¼ svaro Napa kopūstų, supjaustytų
- 3 uncijos celofaniniai makaronai, mirkomi šiltame vandenyje
- ½ puodelio supjaustytų bambuko ūglių
- 2 puodeliai šviežių špinatų, pjaustytų
- 1 valgomasis šaukštas cukraus
- ¼ arbatinio šaukštelio juodųjų pipirų
- 2 šaukštai sojos padažo
- ½ arbatinio šaukštelio druskos

Kryptys
a) Dideliame dubenyje sumaišykite sezamų aliejų ir sėklas, laiškinius svogūnus, 1 valgomąjį šaukštą sojos padažo, arbatinį šaukštelį cukraus, česnaką ir ¼ arbatinio šaukštelio pipirų.
b) Įmaišykite jautieną ir palikite 15 minučių kambaryje.
c) Įdėkite didelę keptuvę arba wok, jei turite, kad įkaitintumėte su trupučiu aliejaus.
d) Kepkite jautieną, kol ji taps rudos spalvos, tada gerai išmaišykite, sudėkite kopūstą, morkas, bambuką ir špinatus.
e) Tada įmaišykite makaronus, 1 šaukštą cukraus, pipirų, druskos ir 2 šaukštus sojos.
f) Gerai išmaišykite ir sumažinkite ugnį, kepkite, kol ji įkais.

7. Mung pupelių makaronų salotos

Paruošimo laikas: 15 minučių
Virimo laikas: 5 minutės
Porcijos: 4 asmenims

INGRIDIENTAI

1 morka, plonai nuskusta
½ puodelio mung pupelių miltelių
1 Libano agurkas, plonai nuskustas
1 valgomasis šaukštas sezamo aliejaus
1 ilgas raudonas čili, supjaustytas plonais griežinėliais
2 puodeliai mizunos arba garbanotųjų endyvų
Dėl padažo
1 arbatinis šaukštelis sezamo sėklų, skrudintų
2 šaukštai sojos padažo
2 arbatiniai šaukšteliai šviesaus kukurūzų sirupo
1 arbatinis šaukštelis sezamo aliejaus
1 valgomasis šaukštas rudųjų ryžių arba baltojo acto
2 arbatinius šaukštelius cukraus pudros
1 arbatinis šaukštelis korėjietiško čili miltelių
1 plonas svogūno griežinėlis

KRYPTYS

1. Įpilkite pupelių miltelių į 2 ¾ puodelių vandens, gerai išmaišykite ir palikite 60 minučių ant šono.
2. Paruošę mišinį sudėkite į keptuvę ir kaitinkite, kol pradės virti, visą laiką plakdami, kad nepridegtų.
3. Kai užvirs, sumažinkite ugnį ir virkite 2 minutes.
4. Kai taps tiršta, įmaišykite sezamo aliejaus ir 1 arbatinį šaukštelį druskos.
5. Nuimkite ugnį ir supilkite mišinį į riebalais išteptą torto formą, 8 colių atstumu.
6. Įdėkite į šaldytuvą, kol jis sutvirtės, maždaug 60 minučių.
7. Kai sutvirtės, supjaustykite ilgomis plonomis juostelėmis. Taip makaronai bus paruošti, padėkite į vieną pusę.
8. Toliau sudėkite visus padažo ingredientus į dubenį ir gerai išmaišykite.
9. Sudėkite mizuną, agurką, pupelių makaronus, čili ir morkas, švelniai sumaišykite.
10. Patiekti.

8. Saldžiųjų bulvių vermišeliai ir jautienos kepsnys

Paruošimo laikas: 15 minučių
Virimo laikas: 10 minučių
Porcijos: 4 asmenims

INGRIDIENTAI

- 2 šaukštai sezamo aliejaus
- ½ svaro jautienos akių filė, supjaustyta plonais griežinėliais
- 2 skiltelės česnako, smulkiai supjaustytos
- ⅓ puodelio sojos padažo
- 1 valgomasis šaukštas cukraus pudros
- 1 ½ puodelio sumaišytų azijietiškų grybų
- 5 džiovinti šitake grybai
- 2 šaukštai augalinio aliejaus
- 1 morka, tarkuota
- 2 svogūnai, supjaustyti plonais griežinėliais
- 1 valgomasis šaukštas skrudintų sezamo sėklų
- ¼ svaro saldžiųjų bulvių vermišelių arba mung pupelių vermišelių, išvirti ir nusausinti
- 3 puodeliai kūdikių špinatų, tik lapai

KRYPTYS

a) Sudėkite jautieną į dubenį su sojų padažu, cukrumi, 2 arbatiniais šaukšteliais sezamų aliejaus ir česnako, ant viršaus uždėkite maistinę plėvelę ir padėkite į šaldytuvą 30 minučių.

b) Laukdami džiovintus grybus pamirkykite 30 minučių verdančiame vandenyje, o baigę nusausinkite ir supjaustykite.

c) Tada į keptuvę arba wok aukštais kraštais įdėkite 1 šaukštą augalinio aliejaus.

d) Kai įkais, sudėkite sumaišytus grybus, po 1 arbatinį šaukštelį sezamų aliejaus ir šitake, pakepinkite maišydami 3 minutes, tada pagardinkite.

e) Dabar nusausinkite jautieną ir palikite marinatą ant šono.

f) Įkaitinkite keptuvę arba wok su 1 arbatiniu šaukšteliu sezamų aliejaus ir likusiu augaliniu aliejumi.
g) Svogūnus pakepinkite 3-5 minutes iki auksinės spalvos, tada sudėkite į morkas, kol suminkštės.
h) Įdėkite jautieną, kepkite dar 2-3 minutes.
i) Dabar sudėkite makaronus, visus grybus, špinatus ir likusį sezamo aliejų.
j) Supilkite marinatą ir virkite dar 2 minutes.
k) Kai viskas bus karšta, paruoškite patiekalą ir užbaikite su sėklomis ant viršaus.

9. Aštrūs šalti makaronai

Paruošimo laikas: 15 minučių
Virimo laikas: 10 minučių
Porcijos: 4 asmenims

INGRIDIENTAI
- 2 skiltelės česnako, susmulkintos
- 3 šaukštai korėjietiško gochujang, aštrios aštrios pastos
- 1 nykščio dydžio gabalėlis šviežio imbiero, nulupto ir sutarkuoto
- ¼ puodelio ryžių vyno acto
- 1 arbatinis šaukštelis sezamo aliejaus
- 4 ridikėliai, plonais griežinėliais
- 2 šaukštai sojos padažo
- 4 veganiški kiaušiniai, minkštai išvirti
- 1 ½ puodelio grikių makaronų, virti, nusausinti ir gaivinti
- 1 telegrafo agurkas, supjaustytas dideliais gabalėliais
- 2 arbatiniai šaukšteliai, po 1 juodųjų ir baltųjų sezamo sėklų
- 1 puodelis kimchi

KRYPTYS
1. Į dubenį supilkite aštrų padažą, česnaką, sojų padažą, imbierą, vyno actą ir sezamo aliejų ir sumaišykite.
2. Sudėkite makaronus ir gerai išmaišykite, kad jie būtų padengti padažu.
3. Sudėkite į serviravimo dubenėlius, dabar į kiekvieną įdėkite ridikėlių, kimchi, kiaušinį ir agurką.
4. Užbaikite nuvalykite sėklas.

10. Aštrūs makaronai su kiaušiniu ir agurkais

Paruošimo laikas: 10 minučių
Virimo laikas: 5 minutės
Porcijos: 4 asmenims

INGRIDIENTAI
1 valgomasis šaukštas korėjietiško čili miltelių
1 ½ puodelio kimchi, susmulkinti
1 ½ puodelio rudųjų ryžių acto
2 šaukštai čili pastos
2 šaukštai smulkaus cukraus
1 valgomasis šaukštas sezamo aliejaus
¼ svaro myeon makaronų
1 valgomasis šaukštas sojos padažo
½ puodelio plonais griežinėliais pjaustytų kopūstų arba salotų
1 agurką plonai supjaustykite, nulupkite odą
2 kietai virti veganiški kiaušiniai, perpjauti per pusę

KRYPTYS
1. Naudodami dubenį, sumaišykite čili pasta, sojos padažą, kimchi, ryžių actą, sezamo aliejų, čili miltelius ir cukrų ir padėkite ant šono.
2. Sudėkite makaronus į verdantį vandenį ir virkite 3-4 minutes, kai tik suminkštės, atvėsinkite po tekančiu šaltu vandeniu ir nusausinkite.
3. Į dubenį su padažu sudėkite šaltus arba vėsius makaronus ir sumaišykite.
4. Sudėkite makaronus į serviravimo dubenėlius ir uždėkite griežinėliais pjaustytą agurką, 1 sezamo lapą, kopūstą arba salotas ir užbaikite puse kiaušinio.

11. Aštrūs Soba makaronai

Paruošimo laikas: minutės
Virimo laikas: minutės
Porcijos: 8-10 asmenų

INGRIDIENTAI
- ½ korėjietiško ridiko arba daikono, supjaustyto 2 colių juostelėmis, ½ colio pločio
- 1 pakelis korėjietiškų soba makaronų
- 1 valgomasis šaukštas druskos
- 1 azijietiškas agurkas, perpjautas per pusę, nuimtas sėklas ir supjaustytas kampu
- 2 šaukštai acto
- 4 virti veganiški kiaušiniai, perpjauti per pusę
- 2 šaukštai cukraus

PADAŽUI
- ¼ puodelio sojos padažo
- ½ vidutinio svogūno, nulupto ir supjaustyto kubeliais
- ½ puodelio vandens
- 1 skiltelė česnako
- ½ obuolio, nulupti ir supjaustyti kubeliais
- 3 šaukštai vandens arba ananasų sulčių
- 3 griežinėliai ananaso, lygūs obuoliui
- ⅓ puodelio rudojo cukraus
- 1 puodelis korėjietiško čili dribsnių
- ¼ puodelio baltojo cukraus
- ½ arbatinio šaukštelio imbiero miltelių
- 1 valgomasis šaukštas skrudintų sezamo sėklų
- 1 arbatinis šaukštelis druskos
- 2 šaukštai sezamo aliejaus
- 1 arbatinis šaukštelis korėjietiškų garstyčių arba Dižono

KRYPTYS
a) Gaminant padažą, keptuvėje sumaišykite sojų padažą su ½ puodelio vandens ir užvirinkite.

b) Kai užvirs, nukelkite nuo ugnies ir palikite vienoje pusėje.
c) Į trintuvą sudėkite svogūną, česnaką, obuolį, ananasą ir 3 šaukštus vandens arba sulčių, plakite, kol pasieksite tyrę.
d) Įmaišykite tyrės mišinį į sojų padažą ir sudėkite likusį padažo ingredientus.
e) Supilkite mišinį į sandarų indą ir padėkite į šaldytuvą 24 valandoms.
f) Cukrų, ridikėlius, druską ir actą suberkite į dubenį ir palaikykite 15-20 min., išspausdami iš mišinio skysčio perteklių.
g) Įdėkite makaronus į verdantį vandenį ir virkite pagal instrukcijas, o baigę atnaujinkite po šaltu vandeniu.
h) Patiekdami sudėkite makaronus į lėkštes, užpilkite 3 šaukštus padažo, o ant viršaus uždėkite ridikėlių ir agurkų.
i) Jei makaronai ilgi, juos galima pjaustyti žirklėmis.

12. Korėjietiški makaronai su daržovėmis

Paruošimo laikas: 15 minučių
Virimo laikas: 20 minučių
Porcijos: 4 asmenims

INGRIDIENTAI

- 3 šaukštai azijietiško sezamo aliejaus
- 6 uncijų ploni pupelių siūlų makaronai
- 3 šaukštai cukraus
- ½ puodelio tamari
- 1 valgomasis šaukštas dygminų aliejaus
- 1 valgomasis šaukštas susmulkinto česnako
- 3 vidutinės morkos, supjaustytos ⅛ storio degtukų lazdelėmis
- 3 puodeliai kūdikių špinatų
- 1 vidutinio dydžio svogūnas, supjaustytas ⅛ griežinėliais
- ¼ svaro grybų, supjaustytų ⅛ griežinėliais

KRYPTYS

a) Įdėkite makaronus į vandenį ir pamirkykite 10 minučių, kad suminkštėtų, tada nusausinkite.
b) Makaronus 2 minutes įpilkite į verdantį vandenį, kai tik jie suminkštės, nusausinkite ir atnaujinkite po šaltu vandeniu.
c) Sudėkite cukrų, sezamo aliejų ir česnaką į trintuvą ir plakite iki vientisos masės.
d) Tada įpilkite aliejaus į 12 colių keptuvę, kai tik pradės rūkyti, sudėkite morkas su svogūnais ir kepkite 3 minutes.
e) Dabar dar 3 minutes sudėkite grybus, 30 sekundžių maišykite špinatus, o po to - makaronus.
f) Supilkite tamari mišinį ir sumaišykite.
g) Sumažinkite ugnį ir virkite ant silpnos ugnies 4 minutes.
h) Patiekite šiltą arba šaltą.

13. Hotteok su daržovėmis ir makaronais

Paruošimo laikas: 30 minučių
Virimo laikas: 5 minutės
Porcijos: 10 asmenų

INGRIDIENTAI
DĖL TEŠLOS
- 2 arbatiniai šaukšteliai sausų mielių
- 1 puodelis šilto vandens
- ½ arbatinio šaukštelio druskos
- 2 puodeliai universalių miltų
- 2 šaukštai cukraus
- 1 valgomasis šaukštas augalinio aliejaus

UŽDARUI
- 1 valgomasis šaukštas cukraus
- 3 uncijų saldžiųjų bulvių krakmolo makaronai
- ¼ arbatinio šaukštelio maltų juodųjų pipirų
- 2 šaukštai sojos padažo
- 3 uncijos azijietiški laiškiniai česnakai, smulkiai supjaustyti
- 1 vidutinio dydžio svogūnas, smulkiai pjaustytas
- 1 arbatinis šaukštelis sezamo aliejaus
- 3 uncijos morkos, smulkiai supjaustytos
- Aliejus kepimui

KRYPTYS
a) Norėdami pagaminti tešlą, dubenyje sumaišykite cukrų, mieles ir šiltą vandenį, maišykite, kol mielės ištirps, dabar sumaišykite 1 šaukštą augalinio aliejaus ir druskos, gerai išmaišykite.

b) Suberkite miltus ir įmaišykite į tešlą, kai ji taps vientisa, leiskite pastovėti 1 ¼ valandos, kol pakils, pakildami ištraukite orą, uždenkite ir padėkite į vieną pusę.

c) Tuo tarpu užvirkite puodą vandens ir išvirkite makaronus, karts nuo karto pamaišykite, virkite 6 minutes uždengę dangtį.

d) Atnaujinkite po šaltu vandeniu, kai jie suminkštės, tada nusausinkite.
e) Supjaustykite juos ¼ colio gabalėliais, naudodami žirkles.
f) Į didelę keptuvę arba wok įpilkite 1 šaukštą aliejaus ir kepkite makaronus 1 minutę, dabar maišydami suberkite cukrų, sojų padažą ir juoduosius pipirus.
g) Sudėkite laiškinius česnakus, morkas ir svogūną ir gerai išmaišykite.
h) Baigę nuimkite nuo ugnies.
i) Tada į kitą keptuvę įpilkite 1 valgomąjį šaukštą aliejaus ir įkaitinkite, kai karštis, sumažinkite ugnį iki vidutinės.
j) Ranką patepkite aliejumi, paimkite ½ puodelio tešlos ir suspauskite į plokščią apvalią formą.
k) Dabar įpilkite šiek tiek įdaro ir užlenkite kraštus į rutulį, užsandarinkite kraštus.
l) Įdėkite į keptuvę sandariu galu žemyn, virkite 30 sekundžių, tada apverskite ir suspauskite žemyn, kad ji taptų maždaug 4 colių apvali, darykite tai mentele.
m) Virkite dar 2-3 minutes, kol jis taps traškus ir auksinės spalvos.
n) Padėkite ant virtuvinio popieriaus, kad pašalintumėte riebalų perteklių ir pakartokite su likusia tešlos dalimi.
o) Patiekite karštą.

14. Veganiškas Bulgolgi sumuštinis

Paruošimo laikas: 20 minučių
Virimo laikas: 5-8 minutės
Porcijos: 4 asmenims

INGRIDIENTAI
- ½ vidutinio svogūno, supjaustyto
- 4 mažos mėsainių bandelės
- 4 raudonųjų salotų lapai
- 2 puodeliai sojų garbanos
- 4 riekelės veganiško sūrio
- veganiškas majonezas

MARINADUI
- 1 valgomasis šaukštas sezamo aliejaus
- 2 šaukštai sojos padažo
- 1 arbatinis šaukštelis sezamo sėklų
- 2 šaukštai agavos arba cukraus
- ½ arbatinio šaukštelio maltų juodųjų pipirų
- 2 laiškiniai svogūnai, susmulkinti
- ½ azijietiškos kriaušės, supjaustytos kubeliais, jei pageidaujama
- ½ šaukšto baltojo vyno
- 1-2 žali korėjietiški čili pipirai, supjaustyti kubeliais
- 2 skiltelės česnako, susmulkintos

Kryptys
a) Padarykite sojų garbanas pagal instrukcijas ant pakelio.
b) Tada sudėkite visus marinatui skirtus ingredientus į didelį dubenį ir sumaišykite, kad susidarytų padažas.
c) Švelniai spausdami pašalinkite vandenį iš sojų garbanų.
d) Į marinato mišinį sudėkite garbanas su pjaustytu svogūnu ir aptepkite.
e) Į karštą keptuvę įpilkite 1 šaukštą aliejaus, tada supilkite į visą mišinį ir kepkite 5 minutes, kol svogūnai ir garbanos taps auksinės spalvos, o padažas sutirštės.
f) Tuo tarpu ant duonos paskrudinkite mėsainių bandeles su sūriu.
g) Aptepkite majonezu, po to garbanų mišiniu ir užbaikite salotos lapeliu.

15. Korėjos šoninės ir kiaušinių pyragas

Paruošimo laikas: 25 minutės
Virimo laikas: 15 minučių
Porcijos: 6 asmenims

INGRIDIENTAI
UŽ DUONĄ
- ½ puodelio augalinio pieno
- ¾ puodelio savaime kylančių miltų arba kelių miltų su ¼ arbatinio šaukštelio kepimo miltelių
- 4 arbatinius šaukštelius cukraus
- 1 kiaušinis
- 1 arbatinis šaukštelis veganiško sviesto arba alyvuogių aliejaus
- ¼ arbatinio šaukštelio druskos
- ¼ arbatinio šaukštelio vanilės esencijos

UŽDARUI
- 1 riekelė šoninės
- Druska pagal skonį
- 6 veganiški kiaušiniai

KRYPTYS
a) Įkaitinkite viryklę iki 375 F.
b) Sumaišykite dubenyje, ¼ arbatinio šaukštelio druskos, miltų ir 4 arbatinius šaukštelius cukraus.
c) Į masę įmuškite kiaušinį ir gerai išmaišykite.
d) Lėtai supilkite augalinį pieną, po nedidelį kiekį, kol jis taps tirštas.
e) Ištepkite kepimo formą riebalais, tada suberkite miltų mišinį ant formos, suformuojant 6 ovalus arba galite naudoti torto popierinius puodelius.
f) Jei formuojate, kiekvienoje iš jų padarykite mažas įdubas ir kiekvienoje duobutėje arba kiekvieno pyrago puodelio viršuje įmuškite po kiaušinį.
g) Šoninę susmulkinkite ir kiekvieną užbarstykite, jei turite petražolių, įdėkite ir šiek tiek.
h) Virkite 12-15 minučių.
i) Išimkite ir mėgaukitės.

16. Korėjos kario ryžiai

Paruošimo laikas: 20 minučių
Virimo laikas: 30 minučių
Porcijos: 4 asmenims

INGRIDIENTAI
- 1 vidutinė morka, nulupta ir supjaustyta kubeliais
- 7 uncijos jautienos, supjaustytos kubeliais
- 2 svogūnai, susmulkinti
- 2 bulvės, nuluptos ir supjaustytos kubeliais
- ½ arbatinio šaukštelio česnako miltelių
- Prieskoniai pagal skonį
- 1 vidutinė cukinija, supjaustyta kubeliais
- Augalinis aliejus kepimui
- 4 uncijų kario padažo mišinys

KRYPTYS
a) Į wok arba gilią keptuvę įpilkite šiek tiek aliejaus ir įkaitinkite.
b) Pagardinkite jautieną ir supilkite aliejų, maišykite ir kepkite 2 minutes.
c) Tada suberkite svogūnus, bulves, česnako miltelius ir morkas, pakepinkite dar 5 minutes, tada sudėkite cukinijas.
d) Supilkite 3 puodelius vandens ir kaitinkite, kol pradės virti.
e) Sumažinkite ugnį ir virkite ant silpnos ugnies 15 minučių.
f) Lėtai supilkite kario mišinį, kol jis taps tirštas.
g) Supilkite ryžius ir mėgaukitės.

17. Zebra kiaušinių ritinys

Paruošimo laikas: minutės
Virimo laikas: minutės
Porcijos: 1 asmeniui

INGRIDIENTAI
- $\frac{1}{4}$ arbatinio šaukštelio druskos
- 3 veganiški kiaušiniai
- Aliejus kepimui
- 1 valgomasis šaukštas augalinio pieno
- 1 lapas jūros dumblių

KRYPTYS
a) Jūros dumblių lakštą sulaužykite į gabalus.
b) Dabar sumuškite veganiškus kiaušinius į dubenį ir įpilkite druskos su augaliniu pienu, išplakite.
c) Padėkite keptuvę ant viryklės ir įkaitinkite su trupučiu aliejaus, geriau jei turite nepridegančią keptuvę.
d) Įpilkite kiaušinių tiek, kad uždengtų keptuvės dugną, tada apibarstykite jūros dumbliais.
e) Kai kiaušinis iškeps pusiau, susukite jį ir nustumkite į keptuvės šoną.
f) Jei reikia, sutepkite dar kartą ir sureguliuokite šilumą, jei per karšta, įdėkite kitą ploną kiaušinio sluoksnį ir vėl pabarstykite sėklomis, o dabar pirmąjį apvoliokite ant vienos kepimo vietos ir padėkite ant kitos keptuvės pusės.
g) Kartokite tai, kol baigsis kiaušinis.
h) Išverskite ant lentos ir supjaustykite.

18. Korėjietiški graikinių riešutų pyragaičiai

Paruošimo laikas: 10 minučių
Virimo laikas: 10 minučių
Porcijos: 12 asmenų

INGRIDIENTAI
- 1 skardinė azuki raudonųjų pupelių
- 1 puodelis blynų arba vaflių mišinio
- 1 arbatinis šaukštelis vanilės ekstrakto
- 1 valgomasis šaukštas cukraus
- 1 pakelis graikinių riešutų

KRYPTYS
a) Paruoškite blynų mišinį pagal pakuotės nurodymus su papildomu cukrumi.
b) Kai mišinys bus paruoštas, sudėkite į indą su snapeliu.
c) Naudodami 2 tortų formeles, jei neturite, galite naudoti bandelių formeles, kaitinkite ant viryklės ant silpnos ugnies, jos labai sudegs.
d) Įdėkite mišinį į pirmąją skardą, bet užpildykite tik iki pusės.
e) Greitai įpilkite 1 graikinį riešutą ir 1 arbatinį šaukštelį raudonųjų pupelių į kiekvieną likusį mišinį į kitą skardą.
f) Tada apverskite pirmąją skardą ant antrosios viršaus, išdėliodami formeles, kepkite dar 30 sekundžių, o kai antroji skarda iškeps, nukelkite nuo ugnies.
g) Dabar nuimkite viršutinę skardą ir išimkite pyragus ant serviravimo lėkštės.

19. „Street Toast" sumuštinis

Paruošimo laikas: 15 minučių
Virimo laikas: 8 minutės
Porcijos: 2 asmenims

INGRIDIENTAI
- ⅔ puodelio kopūstų, supjaustytų plonomis juostelėmis
- 4 riekelės baltos duonos
- 1 valgomasis šaukštas sūdyto veganiško sviesto
- ⅛ puodelio morkų, supjaustytų plonomis juostelėmis
- 2 veganiški kiaušiniai
- ¼ arbatinio šaukštelio cukraus
- ½ puodelio agurko, supjaustyto plonais griežinėliais
- Kečupas pagal skonį
- 1 valgomasis šaukštas kepimo aliejaus
- Veganiškas majonezas pagal skonį
- ⅛ arbatinio šaukštelio druskos

KRYPTYS

a) Dideliame dubenyje įmuškite veganiškus kiaušinius su druska, tada sumaišykite morkas ir kopūstus.
b) Supilkite aliejų į gilią keptuvę ir įkaitinkite.
c) Pusę mišinio supilkite į keptuvę ir padarykite 2 kepalų formas, laikykite jas atskirai.
d) Dabar ant keptuvės viršaus supilkite likusį kiaušinių mišinį, tai suteiks gerą formą.
e) Virkite 2 minutes, tada apverskite ir virkite dar 2 minutes.
f) Atskiroje keptuvėje ištirpinkite pusę veganiško sviesto, kai karšta įdėkite dvi duonos riekeles ir apverskite, kad abi pusės susigertų veganiško sviesto, kepkite, kol iš abiejų pusių pasidarys auksinės spalvos, maždaug 3 minutes.
g) Pakartokite su kitomis 2 griežinėliais.
h) Kai iškeps, dėkite ant serviravimo lėkščių ir į kiekvieną įpilkite po $\frac{1}{2}$ cukraus.
i) Paimkite keptų kiaušinių mišinį ir padėkite ant duonos.
j) Sudėkite agurką ir uždėkite kečupą bei majonezą.
k) Ant viršaus uždėkite kitą duonos riekę ir perpjaukite į dvi dalis.

20. Giliai kepta daržovė

Paruošimo laikas: minutės
Virimo laikas: minutės
Porcijos: 15 asmenų

INGRIDIENTAI
- 1 šviežias raudonas čili, perpjautas per pusę iš viršaus į apačią
- 1 didelė morka nulupta ir supjaustyta $\frac{1}{8}$ batonėliais
- 2 kekės enoki grybų, atskirtos
- 1 cukinija, supjaustyta $\frac{1}{8}$ batonėliais
- 4 laiškiniai svogūnai, supjaustyti 2 colių ilgio
- 6 skiltelės česnako, supjaustytos plonais griežinėliais
- 1 vidutinė saldžioji bulvė, supjaustyta juostelėmis
- 1 vidutinė bulvė, supjaustyta batonėliais
- Augalinis aliejus kepimui

UŽ TEŠLĄ
- $\frac{1}{4}$ puodelio kukurūzų krakmolo
- 1 puodelis universalių miltų
- 1 kiaušinis
- $\frac{1}{4}$ puodelio ryžių miltų
- 1 $\frac{1}{2}$ stiklinės ledinio šalto vandens
- $\frac{1}{2}$ arbatinio šaukštelio druskos

DĖL PADAŽO
- 1 skiltelė česnako
- $\frac{1}{2}$ puodelio sojos padažo
- 1 svogūnas
- $\frac{1}{2}$ arbatinio šaukštelio ryžių acto
- $\frac{1}{4}$ arbatinio šaukštelio sezamo aliejaus
- 1 arbatinis šaukštelis rudojo cukraus

KRYPTYS

a) Uždėkite puodą vandens, kad užvirtų.
b) Morkas ir abiejų rūšių bulves sudėkite į vandenį, nukelkite nuo ugnies ir palikite 4 minutes, tada išimkite iš vandens, nuplaukite, nusausinkite ir nusausinkite virtuviniu popieriumi.
c) Į dubenį sumaišykite svogūnus, cukinijas, česnaką ir raudonąją papriką ir gerai išmaišykite.
d) Tešlos mišiniui visi sausieji ingredientai.
e) Dabar suplakite vandenį ir veganiškus kiaušinius, tada sudėkite į sausus ingredientus ir gerai išmaišykite į tešlą.
f) Tada paruoškite padažą, plakdami cukrų, actą, sojų ir sezamo aliejų.
g) Smulkiai supjaustykite svogūną ir česnaką, tada įmaišykite į sojų mišinį.
h) Į wok arba gilią keptuvę įpilkite pakankamai aliejaus, aliejus turi būti maždaug 3 colių gylio.
i) Kai aliejus įkaista, perpilkite daržoves per tešlą, leiskite pertekliui nuvarvėti, tada kepkite 4 minutes.
j) Paruošę nusausinkite ir nusausinkite ant virtuvinio popieriaus.
k) Patiekite su padažu.

21. Saldūs korėjietiški blynai

Paruošimo laikas: 25 minutės
Virimo laikas: 6 minutės
Porcijos: 8 asmenims

INGRIDIENTAI
- 1 valgomasis šaukštas granuliuoto cukraus
- 1 ¾ stiklinės duonos miltų
- 2 ¼ arbatinio šaukštelio tirpių mielių
- 1 ¼ puodelio saldžių ryžių miltų
- 1 valgomasis šaukštas augalinio aliejaus
- 1 arbatinis šaukštelis druskos
- 5 šaukštai aliejaus, kepimui
- 1 ½ puodelio drungno augalinio pieno
- Įdarui
- 1 arbatinis šaukštelis cinamono
- ⅔ stiklinės rudojo cukraus
- 2 šaukštai smulkiai pjaustytų riešutų, jūsų pasirinkimas

KRYPTYS
a) Dideliame dubenyje sumaišykite mieles, miltus, cukrų ir druską, gerai išmaišykite.
b) Dabar į augalinį pieną įpilkite 1 valgomąjį šaukštą aliejaus ir įmaišykite į sausą mišinį, plakite 2 minutes, tada ant viršaus uždėkite skudurėlį ir 60 minučių pailsėkite kambaryje.
c) Kai jis padidės dvigubai, pasukite jį atgal ir vėl pailsėkite 15 minučių.
d) Tuo tarpu sumaišykite įdaro ingredientus ir padėkite ant šono.
e) Tešlos mišinį padalinkite į 8 dalis, rankas sutepkite riebalais ir po vieną dėkite į ranką ir stumkite žemyn, kad susidarytų maždaug 4 colių pločio diskas.
f) Į vidurį įpilkite 1 ½ šaukšto cukraus mišinio, dabar užlenkite kraštus į centrą ir uždarykite.

g) Į keptuvę įpilkite aliejaus ir įkaitinkite ant vidutinės arba žemos temperatūros.
h) Įdėkite rutulį į karštą aliejų sandaria puse žemyn, tada paspauskite žemyn, kad išsilygintumėte, tam galite naudoti mentele.
i) Jei pastebėsite kokių nors skylių, užkimškite jas šiek tiek tešlos.
j) Kepkite 3 minutes, kai tik traškūs, apverskite ir kepkite dar 3 minutes.
k) Išimkite, kai bus auksinės spalvos.
l) Prieš valgydami leiskite šiek tiek atvėsti, cukraus centras bus karštas.

22. Korėjietiškos virtos kriaušės

Paruošimo laikas: 5 minutės
Virimo laikas: 20 minučių
Porcijos: 4 asmenims

INGRIDIENTAI
- ½ uncijos šviežio imbiero, nulupto ir plonais griežinėliais
- 1 svaras korėjietiškų kriaušių, nuluptų
- 24 juodųjų pipirų žirneliai
- 3 puodeliai vandens
- 2 šaukštai cukraus
- Pušies riešutai baigti, jei norite

KRYPTYS
a) Į keptuvę supilkite vandenį ir suberkite imbierą, pakaitinkite, kol užvirs ir palikite 6-8 min.
b) Tuo tarpu kriaušes supjaustykite į 8 skilteles.
c) Dabar į kiekvieną kriaušės skiltele įsprauskite po 3 pipirų žirnelius ir įsitikinkite, kad jie patenka tiesiai ir neiškrenta.
d) Imbierą ištraukite iš vandens, suberkite cukrų ir kriaušes, troškinkite 10 minučių.
e) Kai paruošite, išimkite ir atvėsinkite, tada padėkite į šaldytuvą, kad sustingtų.
f) Patiekite šaltą arba, jei pageidaujate, galite patiekti karštą, jei naudojate, pabarstykite riešutais.

23. Korėjietiškas augalinio pieno ledo sorbetas

Paruošimo laikas: 3 minutės
Virimo laikas: 3 minutės
Porcijos: 2 asmenims

INGRIDIENTAI
- 2 šaukštai mini mochi ryžių pyragaičių
- 2 kaušeliai saldintų raudonųjų pupelių pastos
- 4 arbatiniai šaukšteliai korėjietiškų daugiagrūdžių miltelių
- 2-3 gabalėliai korėjietiški lipnūs ryžių pyragaičiai, padengti skrudintų sojų pupelių milteliais, supjaustyti ¾ colio kubeliais
- 4 arbatiniai šaukšteliai natūralių migdolų drožlių
- Dėl ledo
- 2 šaukštai kondensuoto augalinio pieno, saldinto
- 1 puodelis augalinio pieno

KRYPTYS
a) Sumaišykite sutirštintą augalinį pieną ir augalinį pieną puodelyje su dangteliu, skirtą pilti.
b) Įdėkite mišinį į ledo padėklą ir užšaldykite, kol jis taps ledo luitais, maždaug 5 valandas.
c) Kai sustings, išimkite ir sudėkite į maišytuvą arba, jei galite nusiskusti, pulsuokite iki vientisos masės.
d) Sudėkite visus ingredientus į atvėsusį serviravimo dubenį.
e) Į pagrindą įdėkite 3 šaukštus šerbeto, tada pabarstykite 1 arbatiniu šaukšteliu kelių grūdų miltelių.
f) Tada įpilkite dar 3 šaukštus šerbeto, o po to dar grūdų miltelius.
g) Dabar padėkite ant viršaus ryžių pyragus ir pupelių pastą.
h) Pabarstykite migdolais ir patiekite.

24. Korėjos ryžių pyrago iešmeliai

Paruošimo laikas: 10 minučių
Virimo laikas: 10 minučių
Porcijos: 4 asmenims

INGRIDIENTAI
- Aliejus kepimui
- 32 gabalėlių korėjietiški ryžių pyragaičiai
- 2 šaukštai grūstų riešutų, jūsų pasirinkimas arba sezamo sėklų
- Padažui
- 1 ½ šaukšto pomidorų padažo
- 1 arbatinis šaukštelis tamsiai rudojo cukraus
- 1 valgomasis šaukštas korėjietiškos čili pastos
- ½ šaukšto sojos padažo
- ¼ arbatinio šaukštelio malto česnako
- 1 arbatinis šaukštelis sezamo aliejaus

KRYPTYS
a) Ryžių paplotėlius įpilkite į verdantį vandenį, kad jie suminkštėtų tik 30 sekundžių, tada nuplaukite po šaltu vandeniu ir nusausinkite.
b) Naudodami virtuvinį popierių, nusausinkite juos nuo vandens pertekliaus.
c) Padėkite antrą keptuvę ant viryklės ir supilkite padažą Ingredientai, pakaitinkite ir maišykite, kad cukrus ištirptų, toliau maišykite, kad nesudegtų, nuimkite, kai sutirštės.
d) Padėkite pyragus ant iešmo, įsitikindami, kad jis tilps į jūsų keptuvę.
e) Keptuvėje įkaitinkite šiek tiek aliejaus, vieną kartą karštą sudėkite į iešmelius ir kepkite 1 minutę.
f) Išimame ir viską aptepame padažu.
g) Užbaikite sezamo sėklomis arba riešutais.

25. Korėjos braškių kivių ritininis pyragas

Paruošimo laikas: 30 minučių
Virimo laikas: 15 minučių
Porcijos: 8 asmenims

INGRIDIENTAI

- 1 puodelis cukraus
- 11 šaukštų universalių miltų
- 1 valgomasis šaukštas vandens
- 6 dideli veganiški kiaušiniai
- 1 valgomasis šaukštas karšto vandens
- 2 puodeliai riebios grietinėlės
- 3 šaukštai augalinio aliejaus
- 1 arbatinis šaukštelis vanilės ekstrakto
- 1 stiklinė braškių, pjaustytų
- 1 puodelis kivi, susmulkintas

KRYPTYS

a) Įkaitinkite viryklę iki 375°F ir ant 16×11 kepimo skardos padėkite pergamentinį popierių.
b) Miltus pertrinti per sietelį į maišymo dubenį.
c) Kiaušinių baltymus plakite 60 sekundžių iki standžių putų, tada lėtai suberkite cukrų ir plakite iki smailės. Jei turite elektrinį plaktuvą, geriau.
d) Tada švelniai po vieną sudėkite trynius, plakdami 60 sekundžių tarp įdėjimų, kai tik viskas susimaišys, įpilkite vandens ir aliejaus, plakite dar 10 sekundžių.
e) Dabar lėtai įmaišykite miltus ir gerai išmaišykite.
f) Supilkite pyrago mišinį į kepimo skardą ir keletą kartų nuleiskite skardą, kad išstumtumėte orą.
g) Kepkite orkaitėje 12-15 minučių.
h) Kai paruošite, išimkite ir ant viršaus padėkite pergamentinį popierių, tada išverskite, nuimkite popierių nuo pagrindo ir padėkite ant vėsinimo grotelių.

i) Kol jis išlieka šiltas, suvyniokite jį pergamentiniu popieriumi, palikdami pyrago ritinėlio viduje.
j) Leiskite jam atvėsti dar 10 minučių.
k) Grietinėlę išplakti su vanile ir likusiu cukrumi iki putų.
l) Tada paimkite pyragą ir išvyniokite jį, išimkite popierių ir vieną galą nupjaukite kampu, kad atrodytumėte užbaigti.
m) Sutepkite kremu.
n) Įdėkite kivi ir braškes, tada susukite ir palikite apvalią išorę padėdami pergamentinį popierių.
o) Palikite šaldytuve 20 minučių, kad išlaikytų formą.
p) Paimkite gabalėlį ir patiekite.

26. Korėjos tapijokos pudingas

Paruošimo laikas: minutės
Virimo laikas: minutės
Porcijos: 6 asmenims

INGRIDIENTAI

- 2 ½ didelių kiaušinių trynių
- 3 puodeliai nenugriebto augalinio pieno
- ¼ puodelio cukraus
- ⅓ puodelio mažų tapijokos perlų
- 1 vanilės ankšties
- ¼ arbatinio šaukštelio gryno vanilės ekstrakto
- 3 šaukštai korėjietiškos arbatos
- ½ arbatinio šaukštelio druskos

KRYPTYS

a) Įdėkite augalinį pieną į 4 puodelių laikiklį, įpilkite ¾ puodelio į keptuvę su kietu pagrindu ir sudėkite į tapijoką, palikite 60 minučių.
b) Suplakite kiaušinių trynius, cukrų ir druską, atpjaukite vanilės sėklas ir išimkite sėklas, sudėkite į 4 puodelių laikiklį.
c) Kai tapijoka bus paruošta, įmaišykite kremo mišinį ir dėkite ant viryklės, kol užvirs, nepamirškite išmaišyti.
d) Kai užvirs, sumažinkite ugnį ir troškinkite 20 minučių.
e) Nukelkite nuo ugnies ir sumaišykite vanilės ekstraktą su korėjietiška arbata.
f) Patiekite paruoštą.

27. Korėjietiškas aštrus ryžių pyragas

Paruošimo laikas: minutės
Virimo laikas: minutės
Porcijos: 1 asmeniui

INGRIDIENTAI
- 2 arbatinius šaukštelius cukraus
- 1 puodelis ryžių pyrago
- 1 arbatinis šaukštelis sojos padažo
- 2 arbatiniai šaukšteliai korėjietiškos aštrios pupelių pastos
- Sezamo sėklos apdailai
- ¾ puodelio vandens

KRYPTYS
a) Supilkite vandenį į puodą su pupelių pasta ir cukrumi, kaitinkite, kol užvirs.
b) Dabar įdėkite ryžių pyragą, sumažinkite ugnį ir virkite ant silpnos ugnies 10 minučių.
c) Patiekite paruoštą.

28. Keptos kriaušės Wonton traškučiuose Mascarpone

Paruošimo laikas: 20 minučių
Virimo laikas: 45 minutės
Porcijos: 4 asmenims

INGRIDIENTAI
- ½ arbatinio šaukštelio malto cinamono, padalinto
- 2 korėjietiškos kriaušės
- 4 - 6 × 6 wonton įvyniojimai
- ¼ puodelio maskarponės
- 1 ½ šaukšto lydyto nesūdyto veganiško sviesto

KRYPTYS
a) Įkaitinkite viryklę iki 375°F ir kepimo skardą išklokite pergamentiniu popieriumi.
b) Nupjaukite ½ colio nuo kriaušės pagrindo ir viršaus.
c) Dabar juos nulupkite ir perpjaukite per vidurį horizontaliai, išimkite sėklas
d) Įvyniojimus padėkite ant sauso lygaus paviršiaus, į kiekvieną vyniotinį įdėkite pusę kriaušės ir pabarstykite cinamonu.
e) Pakelkite kampus ir užsandarinkite.
f) Padėkite juos ant kepimo skardos ir kepkite orkaitėje 45 minutes, jei pyragas per daug spalvos, tiesiog uždenkite šiek tiek folijos.
g) Sumaišykite likusį cinamoną ir maskarponę iki vientisos masės.
h) Siuntinius patiekite su maskarpone.

29. Sveikas saldus ryžių pyragas

Paruošimo laikas: minutės
Virimo laikas: minutės
Porcijos: 10 asmenų

INGRIDIENTAI

- ½ puodelio džiovintų kabočos ar kitokio tipo moliūgų
- 1 puodelis mirkytų juodųjų sojų pupelių
- 10 kaštonų, supjaustytų ketvirčiais
- 12 džiovintų datulių
- ½ puodelio graikinių riešutų, supjaustytų ketvirčiais
- ⅓ puodelio migdolų miltų
- 5 puodeliai šaldytų drėgnų saldžių ryžių miltų, atšildytų
- 3 šaukštai cukraus

KRYPTYS

a) Moliūgų rehidratą nuplaukite šaukštu vandens, jei reikia, įpilkite daugiau, kad suminkštėtų.
b) Dideliame dubenyje sumaišykite cukrų, migdolų miltus ir ryžių miltus, gerai išmaišykite.
c) Dabar įpilkite 2 šaukštus vandens ir rankomis patrinkite, kad nebūtų gumulėlių.
d) Tada sumaišykite likusius ingredientus ir išmaišykite.
e) Ant viryklės padėkite garų keptuvę ir drėgnu skudurėliu išklokite krepšį.
f) Supilkite mišinį dideliu šaukštu ir išlyginkite, ant viršaus uždėkite skudurėlį ir virkite ½ valandos.
g) Išimkite, kai būsite paruošti ir atvėsinkite, kai tik galėsite, išverskite ir apverskite ant darbinio paviršiaus.
h) Nuimkite audinį ir supjaustykite bei formuokite serviravimo mikstūrus.

30. Masono stiklainis lazanija

INGRIDIENTAI

- 3 lazanijos makaronai
- 1 valgomasis šaukštas alyvuogių aliejaus
- ½ svaro maltos nugarinės
- 1 svogūnas, supjaustytas
- 2 skiltelės česnako, susmulkintos
- 3 šaukštai pomidorų pastos
- 1 arbatinis šaukštelis itališkų prieskonių
- 2 (14,5 uncijos) skardinės kubeliais pjaustytų pomidorų
- 1 vidutinė cukinija, tarkuota
- 1 didelė morka, sutarkuota
- 2 puodeliai susmulkintų kūdikių špinatų
- Košerinė druska ir šviežiai malti juodieji pipirai pagal skonį
- 1 puodelis nugriebto rikotos sūrio
- 1 puodelis susmulkinto mocarelos sūrio, padalintas
- 2 šaukštai kapotų šviežių baziliko lapelių

KRYPTYS

a) Dideliame puode su verdančiu pasūdytu vandeniu išvirkite makaronus pagal pakuotės instrukcijas; gerai nusausinkite. Kiekvieną makaroną supjaustykite į 4 dalis; atidėti.

b) Įkaitinkite alyvuogių aliejų didelėje keptuvėje arba olandiškoje orkaitėje ant vidutinės-stiprios ugnies. Suberkite maltą nugarinę ir svogūną ir kepkite, kol apskrus, 3–5 minutes, o jautiena kepdama būtinai sutrupės; nusausinkite riebalų perteklių.

c) Įmaišykite česnaką, pomidorų pastą ir itališkus prieskonius ir virkite, kol pasidarys kvapnus, 1–2 minutes. Įmaišykite pomidorus, sumažinkite ugnį ir troškinkite, kol šiek tiek sutirštės, 5–6 minutes. Įmaišykite cukinijas, morkas ir špinatus ir virkite, dažnai maišydami, kol suminkštės, 2–3 minutes. Pagardinkite druska ir pipirais pagal skonį. Padažą atidėkite į šalį.

d) Mažame dubenyje sumaišykite rikotą, ½ puodelio mocarelos ir baziliką; pagal skonį pagardinkite druska ir pipirais
e) Įkaitinkite orkaitę iki 375 laipsnių F. Lengvai patepkite aliejumi 4 (16 uncijų) plataus burnos stiklinius indelius su dangteliais arba kitus orkaitėje tinkamus indus arba padenkite neprideganču purškikliu.
f) Į kiekvieną stiklainį įdėkite 1 makaronų gabalėlį. Trečdalį padažo padalinkite į stiklainius. Pakartokite su antruoju makaronų sluoksniu ir padažu. Ant viršaus uždėkite rikotos mišinį, likusius makaronus ir likusį padažą. Pabarstykite likusiu ½ puodelio mocarelos sūrio.
g) Stiklainius padėkite ant kepimo skardos. Pašaukite į orkaitę ir kepkite, kol pradės burbuliuoti, 25–30 minučių; visiškai atvėsinti. Laikyti šaldytuve iki 4 dienų.

31. Miso imbiero detoksikacinė sriuba

INGRIDIENTAI

- 2 arbatinius šaukštelius skrudinto sezamo aliejaus
- 2 arbatiniai šaukšteliai rapsų aliejaus
- 3 skiltelės česnako, susmulkintos
- 1 valgomasis šaukštas šviežiai tarkuoto imbiero
- 6 puodeliai daržovių sultinio
- 1 kombu lapas, supjaustytas mažais gabalėliais
- 4 arbatiniai šaukšteliai baltos miso pastos
- 1 (3,5 uncijos) pakuotė šitake grybų, supjaustyta griežinėliais (apie 2 puodeliai)
- 8 uncijų kietas tofu, supjaustytas kubeliais
- 5 baby bok choy, susmulkinti
- ¼ puodelio pjaustytų žaliųjų svogūnų

KRYPTYS

a) Įkaitinkite sezamų aliejų ir rapsų aliejų dideliame puode arba olandiškoje orkaitėje ant vidutinės ugnies. Įpilkite česnako ir imbiero ir virkite, dažnai maišydami, kol pasidarys kvapnus, 1–2 minutes. Įmaišykite sultinį, kombu ir miso pastą ir užvirinkite. Uždenkite, sumažinkite ugnį ir troškinkite 10 minučių. Įmaišykite grybus ir kepkite, kol suminkštės, apie 5 minutes.

b) Įmaišykite tofu ir bok choy ir virkite, kol tofu įkais, o bok choy suminkštės, maždaug 2 minutes. Įmaišykite žalius svogūnus. Patiekite iš karto.

c) Arba, jei norite pasiruošti iš anksto, leiskite sultiniui visiškai atvėsti 1 veiksmo pabaigoje. Tada įmaišykite tofu, bok choy ir žaliuosius svogūnus. Suskirstykite į sandarius indus, uždenkite ir laikykite šaldytuve iki 3 dienų. Norėdami pašildyti, įdėkite į mikrobangų krosnelę kas 30 sekundžių, kol įkais.

32. Įdarytos saldžiosios bulvės

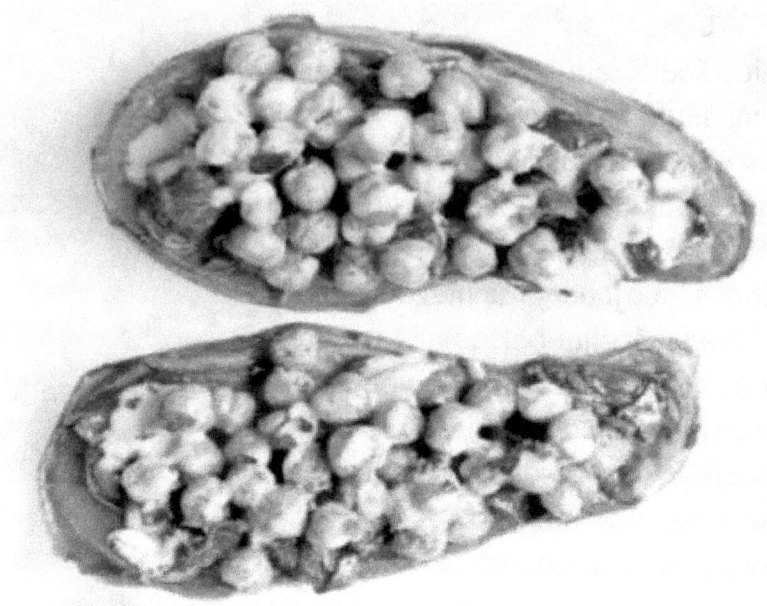

IŠELIS: 4 PORCIJOS
INGRIDIENTAI
- 4 vidutinės saldžiosios bulvės

KRYPTYS

a) Įkaitinkite orkaitę iki 400 laipsnių F. Kepimo skardą išklokite pergamentiniu popieriumi arba aliuminio folija.

b) Ant paruoštos kepimo skardos sudėkite saldžiąsias bulves vienu sluoksniu. Kepkite, kol suminkštės, apie 1 valandą ir 10 minučių.

c) Leiskite pailsėti, kol pakankamai atvės, kad galėtumėte apdoroti.

33. Kopūstų ir raudonųjų pipirų įdarytos bulvės

INGRIDIENTAI
- 1 valgomasis šaukštas alyvuogių aliejaus
- 2 skiltelės česnako, susmulkintos
- 1 saldus svogūnas, supjaustytas kubeliais
- 1 arbatinis šaukštelis rūkytos paprikos
- 1 raudona paprika, plonais griežinėliais
- 1 ryšelis garbanotų kopūstų, nuimti stiebai ir susmulkinti lapai
- Košerinė druska ir šviežiai malti juodieji pipirai pagal skonį
- 4 keptos saldžiosios bulvės
- ½ puodelio trupinto sumažinto riebumo fetos sūrio

KRYPTYS
a) Didelėje keptuvėje ant vidutinės ugnies įkaitinkite alyvuogių aliejų. Įdėkite česnaką ir svogūną ir kepkite, dažnai maišydami, kol svogūnas taps skaidrus, 2–3 minutes. Įmaišykite papriką ir kepkite, kol pasidarys kvapnus, apie 30 sekundžių.

b) Įmaišykite papriką ir kepkite, kol taps traškūs, maždaug 2 minutes. Įmaišykite kopūstus po saują ir virkite, kol jie taps ryškiai žali ir tiesiog suvys, 3–4 minutes.

c) Bulves perpjaukite per pusę ir pagardinkite druska bei pipirais. Ant viršaus uždėkite kopūstų mišinį ir fetą.

d) Padalinkite saldžiąsias bulves į patiekalų ruošimo indus.

34. Juodosios pupelės ir Pico de Gallo įdarytos bulvės

INGRIDIENTAI
Juodos pupelės
- 1 valgomasis šaukštas alyvuogių aliejaus
- ½ saldaus svogūno, supjaustyto kubeliais
- 1 skiltelė česnako, susmulkinta
- 1 arbatinis šaukštelis čili miltelių
- ½ arbatinio šaukštelio maltų kmynų
- 1 (15,5 uncijos) skardinė juodųjų pupelių, nuplaunama ir nusausinta
- 1 arbatinis šaukštelis obuolių sidro acto
- Košerinė druska ir šviežiai malti juodieji pipirai pagal skonį

Pico de Gallo
- 2 slyviniai pomidorai, supjaustyti kubeliais
- ½ saldaus svogūno, supjaustyto kubeliais
- 1 jalapeño, išskobtas ir sumaltas
- 3 šaukštai kapotų šviežių kalendros lapų
- 1 valgomasis šaukštas šviežiai spaustų laimo sulčių
- Košerinė druska ir šviežiai malti juodieji pipirai pagal skonį
- 4 keptos saldžiosios bulvės (čia)
- 1 avokadas, perpjautas per pusę, be kauliukų, nuluptas ir supjaustytas kubeliais
- ¼ puodelio šviesios grietinės

KRYPTYS
a) PUPELĖMS: vidutiniame puode ant vidutinės ugnies įkaitinkite alyvuogių aliejų. Įdėkite svogūną ir kepkite, dažnai maišydami, kol taps skaidrus, 2–3 minutes. Įmaišykite česnaką, čili miltelius ir kmynus ir kepkite, kol pasidarys kvapnus, maždaug 1 minutę.

b) Įmaišykite pupeles ir ⅔ puodelio vandens. Užvirkite, sumažinkite ugnį ir virkite, kol sumažės, 10–15 minučių. Bulvių trintuvu sutrinkite pupeles iki vientisos ir norimos konsistencijos. Įmaišykite actą ir pagal skonį pagardinkite druska ir pipirais.

c) PICO DE GALLO: Vidutiniame dubenyje sumaišykite pomidorus, svogūną, jalapeño, kalendrą ir laimo sultis. Pagardinkite druska ir pipirais pagal skonį.
d) Bulves perpjaukite išilgai per pusę ir pagardinkite druska bei pipirais. Ant viršaus užpilkite juodųjų pupelių mišinio ir pico de gallo.
e) Padalinkite saldžiąsias bulves į patiekalų ruošimo indus. Laikyti šaldytuve iki 3 dienų. Pakaitinkite mikrobangų krosnelėje kas 30 sekundžių, kol sušils.

35. Derliaus burbuliukų salotos

INGRIDIENTAI
AGUONŲ PRAŠAS
- ¼ puodelio 2% augalinio pieno
- 3 šaukštai alyvuogių aliejaus
- Veganiškas majonezas
- 2 šaukštai graikiško jogurto
- 1 ½ šaukšto cukraus arba daugiau pagal skonį
- 1 valgomasis šaukštas obuolių sidro acto
- 1 valgomasis šaukštas aguonų
- 2 šaukštai alyvuogių aliejaus

SALOTOS
- 16 uncijų veganiško moliūgo, supjaustyto 1 colio gabalėliais
- 16 uncijų Briuselio kopūstai, perpjauti per pusę
- 2 šakelės šviežių čiobrelių
- 5 švieži šalavijų lapai
- Košerinė druska ir šviežiai malti juodieji pipirai pagal skonį
- 4 vidutinio dydžio veganiški kiaušiniai
- 4 griežinėliai šoninės, supjaustyti kubeliais
- 8 puodeliai susmulkintų kopūstų
- 1⅓ puodeliai virtų laukinių ryžių

KRYPTYS
a) PADAŽAS: Nedideliame dubenyje suplakite augalinį pieną, majonezą, jogurtą, cukrų, actą ir aguonas. Uždenkite ir laikykite šaldytuve iki 3 dienų.
b) Įkaitinkite orkaitę iki 400 laipsnių F. Kepimo skardą lengvai patepkite aliejumi arba padenkite nepridegančiu purškikliu.
c) Ant paruoštos kepimo skardos sudėkite moliūgą ir Briuselio kopūstus. Įpilkite alyvuogių aliejaus, čiobrelių ir šalavijų ir švelniai išmaišykite, kad susimaišytų; pagardinti druska ir pipirais. Išdėliokite lygiu sluoksniu ir kepkite vieną kartą apversdami 25–30 minučių, kol suminkštės; atidėti.
d) Tuo tarpu veganiškus kiaušinius sudėkite į didelį puodą ir 1 colio storio užpilkite šaltu vandeniu. Užvirinkite ir virkite 1

minutę. Puodą uždenkite sandariu dangčiu ir nukelkite nuo ugnies; palikite 8-10 minučių. Prieš nulupdami ir pjaustydami, gerai nusausinkite ir leiskite atvėsti.

e) Įkaitinkite didelę keptuvę ant vidutinės-stiprios ugnies. Sudėkite šoninę ir kepkite, kol paruduos ir taps traškios, 6-8 minutes; nusausinkite riebalų perteklių. Perkelkite į popieriniu rankšluosčiu išklotą lėkštę; atidėti.

f) Norėdami surinkti salotas, kopūstus sudėkite į patiekalų ruošimo indus; ant viršaus išdėliokite eilutes moliūgų, Briuselio kopūstų, šoninės, kiaušinio ir laukinių ryžių. Uždengtas šaldytuve laikys 3-4 dienas. Patiekite su aguonų užpilu.

36. Buffalo žiedinių kopūstų burbuolių salotos

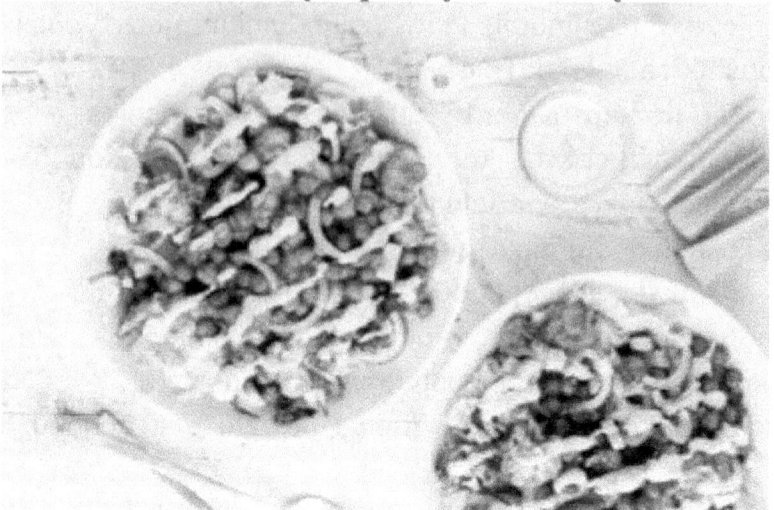

INGRIDIENTAI

- 3-4 stiklinės žiedinių kopūstų žiedynų
- 1 15 oz. galima avinžirnius nusausinti, nuplauti ir nusausinti
- 2 arbatinius šaukštelius avokadų aliejaus
- ½ arbatinio šaukštelio pipirų
- ½ arbatinio šaukštelio jūros druskos
- ½ puodelio buivolo sparnelių padažo
- 4 puodeliai šviežių romėnų, kapotų
- ½ puodelio salierų, supjaustytų
- ¼ puodelio raudonojo svogūno, supjaustyto
- Kreminis veganiškas rančo padažas:
- ½ puodelio žalių anakardžių, mirkyti 3-4 valandas arba per naktį
- ½ puodelio šviežio vandens
- 2 arbatinius šaukštelius džiovintų krapų
- 1 arbatinis šaukštelis česnako miltelių
- 1 arbatinis šaukštelis svogūnų miltelių
- ½ arbatinio šaukštelio jūros druskos
- žiupsnelis juodųjų pipirų

KRYPTYS

a) Nustatykite orkaitę iki 450 ° F.
b) Į didelį dubenį įpilkite žiedinių kopūstų, avinžirnių, aliejaus, pipirų ir druskos ir išmeskite, kad apsemtų.
c) Supilkite mišinį ant kepimo skardos arba akmens. Skrudinkite 20 minučių. Išimkite kepimo skardą iš orkaitės, mišinį užpilkite buivolių padažu ir išmeskite, kad pasidengtų. Skrudinkite dar 10-15 minučių arba kol avinžirniai apskrus, o žiedinis kopūstas apskrus pagal jūsų skonį. Išimkite iš orkaitės.
d) Išmirkytus ir nusausintus anakardžius sudėkite į galingą trintuvą arba virtuvinį kombainą su 1/2 puodelio vandens, krapais, česnako milteliais, svogūnų milteliais, druska ir pipirais. Ištrinkite iki vientisos masės.
e) Paimkite du salotų dubenėlius ir į kiekvieną dubenį įpilkite 2 puodelius kapotų romėnų, 1/4 puodelio salierų ir 1/8 puodelio svogūnų. Ant viršaus uždėkite keptų buivolių žiedinių kopūstų ir avinžirnių. Apšlakstykite padažu ir mėgaukitės!

37. Mason jar runkelių ir Briuselio kopūstų grūdų dubenys

INGRIDIENTAI

- 3 vidutiniai burokėliai (apie 1 svaras)
- 1 valgomasis šaukštas alyvuogių aliejaus
- Košerinė druska ir šviežiai malti juodieji pipirai pagal skonį
- 1 puodelis farro
- 4 puodeliai kūdikių špinatų arba lapinių kopūstų
- 2 puodeliai Briuselio kopūstų (apie 8 uncijos), plonais griežinėliais
- 3 klementinos, nuluptos ir susmulkintos
- ½ puodelio pekano riešutų, skrudintų
- ½ puodelio granatų sėklų

KRYPTYS

a) Įkaitinkite orkaitę iki 400 laipsnių F. Kepimo skardą išklokite folija.
b) Burokėlius sudėkite ant folijos, apšlakstykite alyvuogių aliejumi, pagardinkite druska ir pipirais. Sulenkite visas 4 folijos puses, kad susidarytumėte maišelį. Kepkite, kol suminkštės, 35–45 minutes; leiskite atvėsti, apie 30 minučių.
c) Naudodami švarų popierinį rankšluostį patrinkite burokėlius, kad pašalintumėte odeles; supjaustykite kąsnio dydžio gabalėliais.
d) Išvirkite farro pagal pakuotės nurodymus, tada leiskite atvėsti.
e) Padalinkite burokėlius į 4 (32 uncijos) plataus burnos stiklinius indelius su dangteliais. Ant viršaus uždėkite špinatų arba lapinių kopūstų, farro, Briuselio kopūstų, klementinų, pekano riešutų ir granatų sėklų. Uždengtas šaldytuve laikys 3 ar 4 dienas.

38. Masono stiklainio brokolių salotos

INGRIDIENTAI

- 3 šaukštai 2% augalinio pieno
- 2 šaukštai alyvuogių aliejaus
- Veganiškas majonezas
- 2 šaukštai graikiško jogurto
- 1 šaukštas cukraus arba daugiau pagal skonį
- 2 arbatinius šaukštelius obuolių sidro acto
- ½ puodelio anakardžių
- ¼ puodelio džiovintų spanguolių
- ½ puodelio supjaustyto raudonojo svogūno
- 2 uncijos čederio sūrio, supjaustyto kubeliais
- 5 puodeliai stambiai pjaustytų brokolių žiedynų

KRYPTYS

a) PADAŽAS: Mažame dubenyje suplakite augalinį pieną, majonezą, jogurtą, cukrų ir actą.
b) Padalinkite padažą į 4 (16 uncijų) plataus burnos stiklinius indelius su dangteliais. Ant viršaus uždėkite anakardžių, spanguolių, svogūnų, sūrio ir brokolių. Laikyti šaldytuve iki 3 dienų.
c) Norėdami patiekti, sukratykite stiklainio turinį ir patiekite iš karto.

39. Mason jar niçoise salotos

INGRIDIENTAI
- 2 vidutinio dydžio veganiški kiaušiniai
- 2 ½ puodelio per pusę perpjautų šparaginių pupelių
- 3 (7 uncijų) skardinės ilgapelekio tuno, supakuotos į vandenį, nusausintos ir išplautos
- ¼ puodelio aukščiausios kokybės pirmojo spaudimo alyvuogių aliejaus
- 2 šaukštai raudonojo vyno acto
- 2 šaukštai supjaustyto raudonojo svogūno
- 2 šaukštai kapotų šviežių petražolių lapelių
- 1 valgomasis šaukštas kapotų šviežių peletrūno lapų
- 1 ½ arbatinio šaukštelio Dižono garstyčių
- Košerinė druska ir šviežiai malti juodieji pipirai pagal skonį
- 1 puodelis perpus perpjautų vyšninių pomidoriukų
- 4 puodeliai suplėšytų veganų sviestinių salotų
- 3 puodeliai rukolos lapų
- 12 Kalamata alyvuogių
- 1 citrina, supjaustyta griežinėliais (nebūtina)

KRYPTYS
a) Įdėkite veganiškus kiaušinius į didelį puodą ir užpilkite šaltu vandeniu 1 colio atstumu. Užvirinkite ir virkite 1 minutę. Puodą uždenkite sandariu dangčiu ir nukelkite nuo ugnies; palikite 8-10 minučių.

b) Tuo tarpu dideliame puode su verdančiu pasūdytu vandeniu šparagines pupeles blanširuokite iki ryškiai žalios spalvos, maždaug 2 minutes. Nusausinkite ir atvėsinkite dubenyje su lediniu vandeniu. Gerai nusausinkite. Veganiškus kiaušinius nusausinkite ir leiskite atvėsti prieš nulupdami ir perpjaudami per pusę išilgai.

c) Dideliame dubenyje sumaišykite tuną, alyvuogių aliejų, actą, svogūną, petražoles, peletrūną ir Dijoną, kol tik susimaišys; pagal skonį pagardinkite druska ir pipirais.

d) Padalinkite tuno mišinį į 4 (32 uncijos) plačios burnos stiklinius indelius su dangteliais. Pabarstykite šparaginėmis pupelėmis, veganiškais kiaušiniais, pomidorais, veganiškomis sviestinėmis salotomis, rukola ir alyvuogėmis. Laikyti šaldytuve iki 3 dienų.
e) Norėdami patiekti, suplakite stiklainio turinį. Patiekite iš karto, jei norite, su citrinos griežinėliais.

40. Aštrūs tuno dubenėliai

INGRIDIENTAI
- 1 puodelis ilgagrūdžių rudųjų ryžių
- 3 šaukštai alyvuogių aliejaus
- Veganiškas majonezas
- 3 šaukštai graikiško jogurto
- 1 šaukštas sriracha padažo arba daugiau pagal skonį
- 1 valgomasis šaukštas laimo sulčių
- 2 arbatiniai šaukšteliai sumažinto natrio sojos padažo
- 2 (5 uncijos) skardinės ilgapelekio tuno, nusausintos ir išplautos
- Košerinė druska ir šviežiai malti juodieji pipirai pagal skonį
- 2 puodeliai susmulkintų kopūstų
- 1 valgomasis šaukštas skrudintų sezamo sėklų
- 2 arbatinius šaukštelius skrudinto sezamo aliejaus
- 1 ½ puodelio kubeliais pjaustytų angliškų agurkų
- ½ puodelio marinuoto imbiero
- 3 žalieji svogūnai, plonais griežinėliais
- ½ puodelio susmulkintų skrudintų nori

KRYPTYS
a) Išvirkite ryžius pagal pakuotės instrukcijas 2 puodeliuose vandens vidutinio dydžio puode; atidėti.
b) Mažame dubenyje suplakite majonezą, jogurtą, sriracha, laimo sultis ir sojos padažą. Supilkite 2 šaukštus majonezo mišinio į antrą dubenį, uždenkite ir atšaldykite. Įmaišykite tuną į likusį majonezo mišinį ir švelniai išmeskite, kad susimaišytų; pagal skonį pagardinkite druska ir pipirais.
c) Vidutiniame dubenyje sumaišykite kopūstą, sezamo sėklas ir sezamo aliejų; pagal skonį pagardinkite druska ir pipirais.
d) Padalinkite ryžius į patiekalų ruošimo indus. Ant viršaus sudėkite tuno mišinį, lapinių kopūstų mišinį, agurką, imbierą, žalius svogūnus ir nori. Laikyti šaldytuve iki 3 dienų.
e) Norėdami patiekti, apšlakstykite majonezo mišiniu.

41. Steak cobb salotos

BALZAMINĖ VINEGRETĖ
- 3 šaukštai aukščiausios kokybės pirmojo spaudimo alyvuogių aliejaus
- 4 ½ arbatinio šaukštelio balzamiko acto
- 1 skiltelė česnako, suspausta
- 1 ½ arbatinio šaukštelio džiovintų petražolių dribsnių
- ¼ arbatinio šaukštelio džiovinto baziliko
- ¼ arbatinio šaukštelio džiovinto raudonėlio

SALOTOS
- 4 vidutinio dydžio veganiški kiaušiniai
- 1 valgomasis šaukštas nesūdyto veganiško sviesto
- 12 uncijų kepsnys
- 2 arbatinius šaukštelius alyvuogių aliejaus
- Košerinė druska ir šviežiai malti juodieji pipirai pagal skonį
- 8 puodeliai kūdikių špinatų
- 2 puodeliai vyšninių pomidorų, perpjautų per pusę
- ½ puodelio pekano puselės
- ½ puodelio trupinto sumažinto riebumo fetos sūrio

KRYPTYS

a) BALZAMINIAM VINEGRETUI: vidutiniame dubenyje išplakite alyvuogių aliejų, balzamiko actą, cukrų, česnaką, petražoles, baziliką, raudonėlį ir garstyčias (jei naudojate). Uždenkite ir laikykite šaldytuve iki 3 dienų.

b) Įdėkite veganiškus kiaušinius į didelį puodą ir užpilkite šaltu vandeniu 1 colio atstumu. Užvirinkite ir virkite 1 minutę. Puodą uždenkite sandariu dangčiu ir nukelkite nuo ugnies; palikite 8-10 minučių. Prieš nulupdami ir pjaustydami, gerai nusausinkite ir leiskite atvėsti.

c) Didelėje keptuvėje ant vidutinės-stiprios ugnies ištirpinkite veganišką sviestą. Popieriniais rankšluosčiais nusausinkite abi kepsnio puses. Apšlakstykite alyvuogių aliejumi ir pagardinkite druska bei pipirais. Įdėkite kepsnį į keptuvę ir kepkite, vieną kartą apversdami, kol iškeps iki pageidaujamo iškepimo, vidutiniškai 3-4 minutes iš kiekvienos pusės. Prieš supjaustydami kąsnio dydžio gabalėliais, leiskite pailsėti 10 minučių.

d) Norėdami surinkti salotas, sudėkite špinatus į patiekalų ruošimo indus; ant viršaus sudėkite kepsnių eiles, veganiškus kiaušinius, pomidorus, pekano riešutus ir fetą. Uždenkite ir laikykite šaldytuve iki 3 dienų. Patiekite su balzaminiu vinigretu arba norimu užpilu.

42. Saldžiųjų bulvių maitinimo dubenėliai

INGRIDIENTAI

- 2 vidutinės saldžiosios bulvės, nuluptos ir supjaustytos 1 colio gabalėliais
- 3 šaukštai aukščiausios kokybės pirmojo spaudimo alyvuogių aliejaus, padalinti
- $\frac{1}{2}$ arbatinio šaukštelio rūkytos paprikos
- Košerinė druska ir šviežiai malti juodieji pipirai pagal skonį
- 1 puodelis farro
- 1 ryšelis lacinato kopūstų, susmulkintų
- 1 valgomasis šaukštas šviežiai spaustų citrinų sulčių
- 1 puodelis susmulkintų raudonųjų kopūstų
- 1 puodelis perpus perpjautų vyšninių pomidoriukų
- $\frac{3}{4}$ puodelio traškių Garbanzo pupelių
- 2 avokadai, perpjauti per pusę, be kauliukų ir nulupti

KRYPTYS

a) Įkaitinkite orkaitę iki 400 laipsnių F. Kepimo skardą išklokite pergamentiniu popieriumi.

b) Saldžiąsias bulves sudėkite ant paruoštos kepimo skardos. Įpilkite 1 $\frac{1}{2}$ šaukšto alyvuogių aliejaus ir paprikos, pagardinkite druska ir pipirais ir švelniai išmaišykite, kad susimaišytų. Išdėliokite vienu sluoksniu ir kepkite 20-25 minutes, vieną kartą apversdami, kol lengvai pradursite šakute.

c) Išvirkite farro pagal pakuotės instrukcijas; atidėti.

d) Vidutiniame dubenyje sumaišykite kopūstą, citrinos sultis ir likusį 1 $\frac{1}{2}$ šaukšto alyvuogių aliejaus. Masažuokite kopūstus, kol gerai susimaišys, ir pagal skonį pagardinkite druska ir pipirais.

e) Padalinkite farro į patiekalų ruošimo indus. Ant viršaus uždėkite saldžiųjų bulvių, kopūstų, pomidorų ir traškių garbanzų. Laikyti šaldytuve iki 3 dienų. Patiekite su avokadu.

43. Labai žalios masono stiklainio salotos

INGRIDIENTAI

- ¾ puodelio perlinių miežių
- 1 puodelis šviežių baziliko lapelių
- ¾ puodelio 2% graikiško jogurto
- 2 žali svogūnai, supjaustyti
- 1 ½ šaukšto šviežiai spaustų laimo sulčių
- 1 skiltelė česnako, nulupta
- Košerinė druska ir šviežiai malti juodieji pipirai pagal skonį
- ½ angliško agurko, stambiai supjaustyto
- 1 svaras (4 mažos) cukinijos, spiralizuotos
- 4 puodeliai susmulkintų kopūstų
- 1 puodelis šaldytų žaliųjų žirnelių, atšildytų
- ½ puodelio trupinto sumažinto riebumo fetos sūrio
- ½ puodelio žirnių ūglių
- 1 laimas, supjaustytas griežinėliais (nebūtina)

KRYPTYS

a) Virkite miežius pagal pakuotės instrukcijas; leiskite visiškai atvėsti ir atidėkite.

b) Norėdami paruošti padažą, virtuvinio kombaino dubenyje sumaišykite baziliką, jogurtą, žaliuosius svogūnus, žaliosios citrinos sultis, česnaką ir pagardinkite druska bei pipirais. Pulsuokite iki vientisos masės, maždaug nuo 30 sekundžių iki 1 minutės.

c) Padalinkite padažą į 4 (32 uncijų) plačios burnos stiklinius indelius su dangteliais. Ant viršaus uždėkite agurkų, cukinijų makaronų, miežių, lapinių kopūstų, žirnių, fetos ir žirnių ūglių. Laikyti šaldytuve iki 3 dienų.

d) Norėdami patiekti, turinį sukrėskite į stiklainį. Patiekite iš karto, jei norite, su žaliosios citrinos skiltelėmis.

44. Kvinojos bandelės kąsneliai

Padaro 4

Ingridientai:
- 1 1/2 puodelio paruoštos quinoa
- 2 kiaušiniai, išplakti
- 1/2 puodelio saldžiųjų bulvių tyrės
- 1/2 puodelio juodųjų pupelių
- 1 Valgomojo šaukštelio kapotos kalendros
- 1 arbatinis šaukštelis kmynų
- 1 arbatinis šaukštelis paprikos
- 1/2 arbatinio šaukštelio česnako miltelių
- 1/2 arbatinio šaukštelio druskos
- 1/8 arbatinio šaukštelio juodųjų pipirų
- Virimo purškalas

Kryptys:
a) Įkaitinkite orkaitę iki 350 laipsnių pagal Farenheitą.
b) Dideliame dubenyje sumaišykite visus ingredientus ir maišykite, kol gerai susimaišys.
c) Supilkite mišinį po šaukštą į keksiukų formeles ir nuglauskite kiekvienos viršūnes.
d) Kepkite 15-20 minučių arba kol iškeps ir sutvirtės.

45. PB ir J Energijos įkandimai

Padaro 13-14 kamuoliukų

Ingridientai:
- 1/2 puodelio aksominio sūdyto žemės riešutų sviesto
- 1/4 puodelio klevų sirupo
- 2 valgomieji šaukštai veganiškų baltymų miltelių
- 1 1/4 puodelio valcuotų avižų be glitimo
- 2 1/2 šaukštai linų sėmenų miltų
- 2 valgomieji šaukštai chia sėklų
- 1/4 puodelio džiovintų vaisių

Kryptys:
a) Dideliame maišymo inde sumaišykite žemės riešutų sviestą, klevų sirupą, baltymų miltelius, valcuotas avižas, linų sėmenų miltus, chia sėklas ir pasirinktus džiovintus vaisius.
b) Jei mišinys yra per sausas arba trapus, papildomai įpilkite žemės riešutų sviesto arba klevų sirupo.
c) Atšaldykite 5 minutes šaldytuve. Išgriebkite 1 1/2 šaukšto ir susukite į rutuliukus. „Tešla" turėtų sudaryti apie 13–14 rutuliukų.
d) Mėgaukitės iš karto, o likučius laikykite sandariame inde šaldytuve iki savaitės arba šaldiklyje iki mėnesio.

46. Skrudintas morkų humusas

Padaro 2

Ingridientai:
- 1 skardinė avinžirnių, nuplauti ir nusausinti
- 3 morkos
- 1 skiltelė česnako
- 1 arbatinis šaukštelis paprikos
- 1 pakrautas šaukštas tahini
- 1 citrinos sultys
- 2 valgomieji šaukštai papildomo pirmojo spaudimo alyvuogių aliejaus
- 6 šaukštai vandens
- 1/2 arbatinio šaukštelio kmynų miltelių
- Druska pagal skonį

Kryptys:
a) Įkaitinkite orkaitę iki 400 laipsnių pagal Farenheitą.
b) Nuplaukite ir nulupkite morkas, supjaustykite mažais gabalėliais ir sudėkite į kepimo indą su alyvuogių aliejumi, šiek tiek druskos ir puse šaukštelio paprikos.
c) Kepkite 35 minutes arba tol, kol morkos suminkštės.
d) Išimkite juos iš orkaitės ir atidėkite į šalį, kad atvėstų.
e) Paruoškite humusą, kol jie atvėsta: gerai nuplaukite ir nusausinkite avinžirnius prieš dėdami į maisto malūną su likusiais aktyviaisiais komponentais. Apdorokite, kol gausite gerai sumaišytą mišinį.
f) Po to sudėkite morkas ir česnaką ir pakartokite procedūrą!

47. Matcha anakardžių puodeliai

Padaro 6

Ingridientai:
- 2/3 puodelio kakavos sviesto, lydytas
- 3/4 puodelio kakavos miltelių
- 1/3 puodelio klevų sirupo
- 1/2 puodelio anakardžių sviesto
- 2 arbatiniai šaukšteliai matcha miltelių
- Jūros druska

Kryptys:
a) Dubenyje ištirpinkite kakavos sviestą ir įmaišykite klevų sirupą bei kakavos miltelius.
b) Vidutinio dydžio keksiukų laikiklyje į apatinį sluoksnį įdėkite gerą šaukštą šokoladinio mišinio.
c) Keksiukų laikiklius padėkite į šaldiklį 15 minučių, kad sustingtų.
d) Išimkite sustingusį šokolado sluoksnį iš šaldiklio ir ant viršaus uždėkite 1 šaukštą matcha / anakardžių sviesto tešlos.
e) Kai tik tai bus baigta, ant kiekvieno gabalėlio užpilkite likusį ištirpintą šokoladą, viską uždenkite.
f) Pabarstykite jūros druska.
g) Įdėkite į šaldiklį 15 minučių.

48. Medaus-sezamo tofu

Sudaro 12

Ingridientai:
- 12 uncijų tvirtas tofu, nusausintas ir išdžiovintas
- Aliejus arba kepimo purškalas
- 2 šaukštai sumažinto natrio sojos padažo
- 3 skiltelės česnako, susmulkintos
- 1 valgomasis šaukštas medaus
- 1 valgomasis šaukštas tarkuoto nulupto šviežio imbiero
- 1 arbatinis šaukštelis skrudinto sezamo aliejaus
- 1 svaras šparaginių pupelių, apipjaustytų
- 2 šaukštai alyvuogių aliejaus
- 1/4 arbatinio šaukštelio raudonųjų pipirų dribsnių (nebūtina)
- Košerinė druska
- Naujai malti juodieji pipirai
- 1 vidutinis svogūnas, labai smulkiai pjaustytas
- 1/4 arbatinio šaukštelio sezamo sėklų

Kryptys:
a) Dideliame dubenyje sumaišykite sojų padažą, česnaką, medų, imbierą ir sezamo aliejų; padėti į šalį.
b) Tofu supjaustykite trikampiais ir išdėliokite vienu sluoksniu vienoje paruoštos kepimo skardos pusėje.
c) Ant viršaus apšlakstykite sojų padažo mišinį.
d) Kepkite 12-13 minučių arba iki auksinės rudos spalvos apačioje.
e) Perkelkite tofu.
f) Kitoje kepimo skardos pusėje vienu sluoksniu išdėliokite šparagines pupeles. Apšlakstę alyvuogių aliejumi ir apipurškę raudonųjų pipirų dribsniais, pagardinkite druska ir pipirais.
g) Grąžinkite į orkaitę ir kepkite dar 10-12 minučių arba tol, kol antroji tofu pusė taps auksinės spalvos.
h) Nedelsdami patiekite apibarstę laiškiniais svogūnais ir sezamo sėklomis.

49. Shiitake ir sūrio mėsainių užkepėlė

Padaro 6 porcijas
Ingridientai
- 1 svaras Žemės seitanas
- 4 uncijos. Shiitake grybai, supjaustyti
- 1/2 puodelio migdolų miltų
- 3 puodeliai kapotų žiedinių kopūstų
- 1 valgomasis šaukštas chia sėklų
- 1/2 arbatinio šaukštelio česnako miltelių
- 1/2 arbatinio šaukštelio svogūnų miltelių
- 2 valgomieji šaukštai sumažinto cukraus kiekio
- Kečupas
- 1 valgomasis šaukštas Dižono garstyčių
- 2 šaukštai majonezo
- 4 uncijos. Čedario sūris
- Druska ir pipirai pagal skonį

Kryptys
a) Įkaitinkite orkaitę iki 350 laipsnių pagal Farenheitą.
b) Dideliame dubenyje sumaišykite visus ingredientus ir pusę čederio sūrio.
c) Supilkite mišinį į pergamentu išklotą 9x9 kepimo skardą. Tada ant viršaus užbarstykite likusią pusę čederio sūrio.
d) Kepkite 20 minučių ant viršutinės grotelės.
e) Supjaustę patiekite su papildomais priedais.

50. Keptas Jambalaya troškinys

Padaro 4 porcijas

Ingridientai

- 10 uncijų tempe
- 2 šaukštai alyvuogių aliejaus
- 1 vidutinis geltonasis svogūnas, susmulkintas
- 1 vidutinė žalia paprika, susmulkinta
- 2 česnako skiltelės, susmulkintos
- 1 (28 uncijos) skardinė kubeliais pjaustytų pomidorų, nenusausintų
- 1/2 puodelio baltųjų ryžių
- 1 1/2 stiklinės daržovių sultinio
- 1 1/2 puodelio virtų arba 1 (15,5 uncijos) skardinė tamsiai raudonų pupelių, nusausintų ir nuplautų
- 1 valgomasis šaukštas kapotų šviežių petražolių
- 11/2 arbatinių šaukštelių Cajun prieskonių
- 1 arbatinis šaukštelis džiovintų čiobrelių
- 1/2 arbatinio šaukštelio druskos
- 1/4 arbatinio šaukštelio šviežiai maltų juodųjų pipirų

Kryptys
a) Įkaitinkite orkaitę iki 350 laipsnių pagal Farenheitą.
b) Tempeh 30 minučių virkite vidutiniame puode su verdančiu vandeniu. Nusausinkite vandenį ir nusausinkite. Supjaustykite 1/2 colio kubeliais.
c) Didelėje keptuvėje ant vidutinės ugnies įkaitinkite 1 valgomąjį šaukštą aliejaus. Kepkite tempeh 8 minutes arba tol, kol tempeh paruduos iš abiejų pusių. Įdėkite tempeh į 9 x 13 colių kepimo indą, kad atvėstų.
d) Toje pačioje keptuvėje ant vidutinės ugnies įkaitinkite likusį 1 šaukštą aliejaus. Maišymo dubenyje sumaišykite svogūną, papriką ir česnaką. Virkite uždengę apie 7 minutes arba tol, kol daržovės suminkštės.
e) Supilkite daržovių mišinį su tempe į kepimo indą.
f) Įpilkite pomidorų, skysčio, ryžių, sultinio, pupelių, petražolių, Cajun prieskonių, čiobrelių, druskos ir juodųjų pipirų. Kruopščiai išmaišykite, tada sandariai uždenkite ir kepkite 1 valandą arba kol ryžiai suminkštės. Patiekite iš karto.

51. Baklažanais ir Tempeh įdaryti makaronai

Padaro 4 porcijas

Ingridientai
- 8 uncijų tempe
- 1 vidutinio baklažano
- 12 didelių makaronų lukštų
- 1 česnako skiltelė, sutrinta
- 1/4 arbatiniai šaukšteliai malto kajeno
- Druska ir šviežiai malti juodieji pipirai
- Sausi nepagardinti duonos trupiniai
- 3 puodeliai marinara padažo

Kryptys
a) Įkaitinkite orkaitę iki 450 laipsnių pagal Farenheitą.
b) Tempeh 30 minučių virkite vidutiniame puode su verdančiu vandeniu. Nupilkite vandenį ir atidėkite į šalį, kad atvėstų.
c) Baklažanus subadykite šakute ir kepkite, kol suminkštės, apie 45 minutes ant lengvai riebalais pateptos kepimo skardos.
d) Virkite makaronų lukštus puode su verdančiu pasūdytu vandeniu iki al dente, maždaug 7 minutes, kol baklažanai apskrus. Nupilkite vandenį ir nuplaukite po šaltu vandeniu.
e) Išimkite baklažaną iš orkaitės, perpjaukite išilgai pusiau ir nupilkite skystį.
f) Sumažinkite orkaitės temperatūrą iki 350 laipsnių pagal Farenheitą.
g) Česnaką sutrinkite virtuviniu kombainu, kol jis smulkiai sutrins. Pulsuokite tempe, kol jis bus stambiai sumaltas.
h) Nubraukite baklažanų minkštimą nuo lukšto ir virtuviniu kombainu sumaišykite su tempe ir česnaku. Įmeskite kajeną, pagal skonį pagardinkite druska ir pipirais ir plakite, kad sumaišytumėte. Jei įdaras per birus, įdėkite šiek tiek duonos trupinių.

i) Paruoštoje kepimo formoje dugną ištepkite pomidorų padažo sluoksniu. Lukštus pripildykite įdaru, kol jie visiškai prisipildys.
j) Supilkite likusį padažą ant lukštų ir aplink juos, tada išdėliokite juos ant padažo.
k) Uždenkite folija ir kepkite 30 minučių.
l) Atidenkite, pabarstykite parmezanu ir kepkite dar 10 minučių. Patiekite iš karto.

52. Pupelių varškė su pupelių padažu ir makaronais

Padaro 4

Ingridientai
- 8 uncijos šviežių Pekino stiliaus makaronų
- 1 12 uncijų blokinis tvirtas tofu
- 3 dideli bok choy stiebai IR 2 žalieji svogūnai
- ⅓ puodelio tamsaus sojų padažo
- 2 šaukštai juodųjų pupelių padažo
- 2 arbatiniai šaukšteliai kiniško ryžių vyno arba sauso šerio
- 2 arbatiniai šaukšteliai juodojo ryžių acto
- ¼ arbatinio šaukštelio druskos
- ¼ arbatinio šaukštelio čili pastos su česnaku
- 1 arbatinis šaukštelis karšto čili aliejaus
- ¼ arbatinio šaukštelio sezamo aliejaus
- ½ puodelio vandens
- 2 šaukštai aliejaus kepimui
- 2 griežinėliai imbiero, susmulkinti
- 2 česnako skiltelės, susmulkintos
- ¼ raudonojo svogūno, supjaustyto

Kryptys
a) Makaronus užvirinkite ir virkite, kol suminkštės. Visiškai nusausinkite vandenį. Tofu supjaustykite kubeliais.
b) Išvirkite bok choy, panardindami jį į verdantį vandenį kelioms sekundėms, tada visiškai nusausinkite.
c) Dideliame dubenyje sumaišykite tamsųjį sojų padažą, juodųjų pupelių padažą, Konjac ryžių vyną, juodąjį ryžių actą, druską, čili pastą su česnaku, karštą čili aliejų, sezamo aliejų ir vandenį.
d) Įkaitinkite aliejų wok arba keptuvėje, kuri buvo įkaitinta. Į įkaitintą aliejų suberkite imbierą, česnaką ir žaliuosius svogūnus. Maišydami pakepinkite kelias minutes, kol pasidarys kvapnus. Suberkite raudonąjį svogūną ir trumpai pakepinkite. Pastumkite į šonus ir pridėkite bok choy stiebus.
e) Maišykite lapus, kol bok choy taps ryškiai žalios spalvos, o svogūnas suminkštės.
f) Padažą užvirinkite keptuvės viduryje. Supilkite tofu. Leiskite tofui susigerti padažui, troškindami keletą minučių. Suberkite makaronus.
g) Viską sumaišyti ir iš karto patiekti.

53. Cajun stiliaus tofu

Padaro 4 porcijas

Ingridientai
- 1 svaras ypač tvirto tofu, nusausintas ir išdžiovintas
- Druska
- 1 valgomasis šaukštas plius 1 arbatinis šaukštelis Cajun prieskonių
- 2 šaukštai alyvuogių aliejaus
- 1/4 stiklinės maltos žaliosios paprikos
- 1 valgomasis šaukštas malto saliero
- 2 šaukštai malto žalio svogūno
- 2 česnako skiltelės, susmulkintos
- 1 (14,5 uncijos) skardinė kubeliais pjaustytų pomidorų, nusausintų
- 1 valgomasis šaukštas sojos padažo
- 1 valgomasis šaukštas maltų šviežių petražolių

Kryptys
a) Tofu supjaustykite 1/2 colio storio griežinėliais ir pagardinkite druska bei 1 šaukštu Cajun prieskonių iš abiejų pusių.
b) Nedideliame puode ant vidutinės ugnies įkaitinkite 1 valgomąjį šaukštą aliejaus. Sudėkite salierą ir papriką.
c) Virkite 5 minutes.
d) Įpilkite pomidorų, sojų padažo, petražolių ir likusį 1 arbatinį šaukštelį Cajun prieskonių mišinio, taip pat druskos ir pipirų pagal skonį. Pavirus 10 minučių atidėkite į šalį.
e) Įkaitinkite likusį 1 šaukštą aliejaus didelėje keptuvėje ant vidutinės-stiprios ugnies. Kepkite tofu 10 minučių arba tol, kol tofu paruduos iš abiejų pusių. Įdėjus padažą, virkite 5 minutes.
f) Patiekite iš karto

54. Veganiška Tofu lazanija

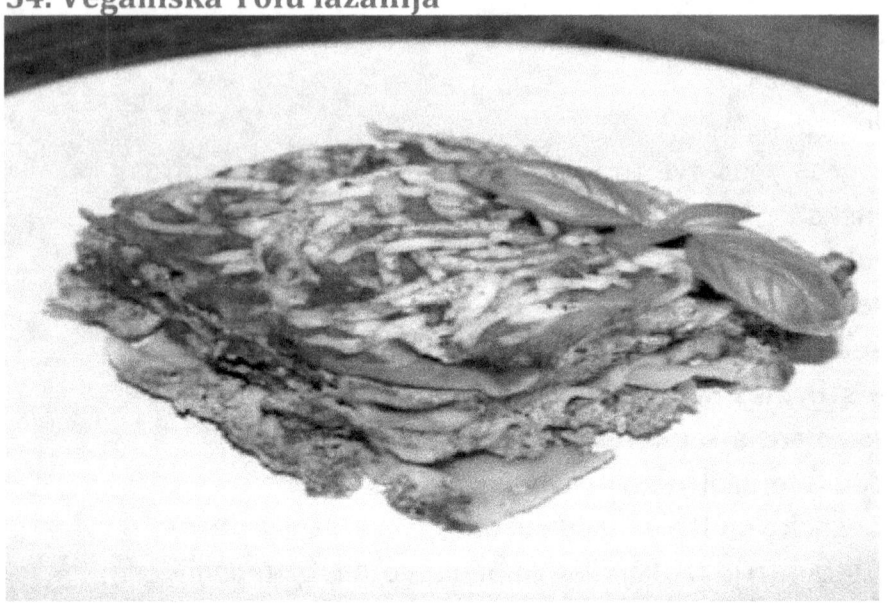

Padaro 6 porcijas

Ingridientai
- 12 uncijų lazanijos makaronai
- 1 svaras tvirto tofu, nusausintas ir sutrupintas
- 1 svaras minkštas tofu, nusausintas ir sutrupintas
- 2 šaukštai maistinių mielių
- 1 arbatinis šaukštelis šviežių citrinų sulčių
- 1 arbatinis šaukštelis druskos
- 1/4 arbatinio šaukštelio šviežiai maltų juodųjų pipirų
- 3 šaukštai maltų šviežių petražolių
- 1/2 puodelio veganiško parmezano arba Parmasio
- 4 puodeliai marinara padažo

Kryptys

a) Įkaitinkite orkaitę iki 350°F.
b) Puode su verdančiu pasūdytu vandeniu virkite makaronus ant vidutinės ir stiprios ugnies, retkarčiais pamaišydami iki al dente, maždaug 7 minutes.
c) Dideliame dubenyje sumaišykite tvirtą ir minkštą tofusą. Įpilkite maistinių mielių, citrinos sulčių, druskos, pipirų, petražolių ir 1/4 puodelio parmezano. Maišykite, kol gerai susimaišys.
d) Į 9 x 13 colių kepimo indo dugną įdėkite sluoksnį pomidorų padažo. Ant viršaus uždėkite virtų makaronų sluoksnį.
e) Pusę tofu mišinio tolygiai paskirstykite ant makaronų. Pakartokite su kitu makaronų sluoksniu ir padažo sluoksniu.
f) Užtepkite likusį tofu mišinį ant padažo ir užbaikite su paskutiniu makaronų ir padažo sluoksniu. Pabarstykite likusiu 1/4 puodelio parmezano. Jei padažo liko, išsaugokite ir patiekite karštą dubenyje kartu su lazanija.
g) Uždenkite folija ir kepkite 45 minutes. Nuimkite dangtelį ir kepkite 10 minučių ilgiau.
h) Prieš patiekdami leiskite pastovėti 10 minučių.

55. Moliūgų ravioliai su žirneliais

Padaro 4 porcijas

Ingridientai
- 1 puodelis konservuotų moliūgų tyrės
- 1/2 puodelio ypač kieto tofu, susmulkinto
- 2 šaukštai maltų šviežių petražolių
- Žiupsnelis malto muskato riešuto
- Druska ir šviežiai malti juodieji pipirai
- 1<u>Makaronų tešla be kiaušinių</u>
- 2 arba 3 vidutiniai askaloniniai česnakai, supjaustyti griežinėliais
- 1 puodelis šaldytų kūdikių žirnelių, atšildytų

Kryptys
a) Popieriniu rankšluosčiu nuvalykite skysčio perteklių nuo moliūgų ir tofu, tada virtuviniu kombainu sumaišykite su maistinėmis mielėmis, petražolėmis, muskato riešutu ir druska bei pipirais pagal skonį. Atidėti.
b) Norėdami pagaminti raviolius, ant lengvai miltais pabarstyto paviršiaus plonai iškočiokite makaronų tešlą. Tešlą supjaustykite į
c) 2 colių pločio juosteles. Ant 1 makaronų juostelės, maždaug 1 colio atstumu nuo viršaus, uždėkite 1 kupiną arbatinį šaukštelį įdaro.
d) Uždėkite kitą arbatinį šaukštelį įdaro ant makaronų juostelės, maždaug coliu žemiau pirmojo šaukšto įdaro.
e) Pakartokite per visą tešlos juostelės ilgį. Tešlos kraštus lengvai sudrėkinkite vandeniu ir ant pirmosios uždėkite antrą makaronų juostelę, uždengdami įdarą.
f) Tarp įdaro dalių suspauskite du tešlos sluoksnius. Peiliu apkarpykite tešlos šonus, kad ji būtų tiesi, tada perpjaukite tešlą tarp kiekvieno įdaro kauburėlio, kad susidarytumėte kvadratiniai ravioliai.

g) Prieš sandarindami būtinai išspauskite oro kišenes aplink užpildą. Šakučių dantukais suspauskite išilgai tešlos kraštų, kad ravioliai būtų sandarūs.
h) Perkelkite raviolius į miltais pabarstytą lėkštę ir pakartokite su likusia tešla ir padažu. Atidėti.
i) Didelėje keptuvėje ant vidutinės ugnies įkaitinkite aliejų. Sudėkite askaloninius česnakus ir kepkite, retkarčiais pamaišydami, kol askaloniniai česnakai taps giliai auksinės rudos spalvos, bet nesudegs, maždaug 15 minučių. Suberkite žirnelius ir pagal skonį pagardinkite druska ir pipirais. Laikykite šiltai ant labai mažos ugnies.
j) Virkite raviolius dideliame puode su verdančiu pasūdytu vandeniu, kol jie pakils į viršų, maždaug 5 minutes. Gerai nusausinkite ir perkelkite į keptuvę su askaloniniais česnakais ir žirneliais.
k) Virkite minutę ar dvi, kad skoniai susimaišytų, tada perkelkite į didelį serviravimo dubenį.
l) Pagardinkite daug pipirų ir patiekite iš karto.

56. Cukinijų makaronai su parmezanu

Padaro 2
Bendras laikas: 7 minutės

Ingridientai
- 2 vidutinės cukinijos
- 2 Valgomieji šaukštai sviesto
- 3 didelės česnako skiltelės, susmulkintos
- 3/4 puodelio parmezano sūrio
- 1/4 arbatinio šaukštelio raudonųjų čili dribsnių

Kryptys
a) Supjaustykite cukinijas spiralėmis arba makaronų sruogelėmis, naudodami daržovių spiralizatorių arba julienne skutiklį. Atidėkite makaronus.
b) Įkaitinkite didelę keptuvę ant vidutinės-stiprios ugnies. Ištirpinkite sviestą, tada suberkite česnaką. Kepkite česnaką, kol pasidarys kvapnus ir skaidrus, apie 30 sekundžių.
c) Sudėkite cukinijų makaronus ir virkite, kol suminkštės, apie 3-5 minutes.
d) Nukelkite keptuvę nuo ugnies, suberkite parmezano sūrį ir pagal skonį gausiai pagardinkite druska ir pipirais.
e) Suberkite čili dribsnius ir patiekite šiltą.

57. Migdolų sviesto tofu pakepinti

Padaro 6

Ingridientai
- 1 12 uncijų pakuotė papildomos įmonės tofu.
- 2 šaukštai sezamo aliejaus (padalinti).
- 4 valgomieji šaukštai sumažinto natrio tamari
- 3 valgomieji šaukštai klevų sirupo.
- 2 šaukštai migdolų sviesto
- 2 šaukštai laimo sulčių.
- 1-2 arbatiniai šaukšteliai čili česnako padažo
- Daržovės
- Laukiniai ryžiai, baltieji ryžiai arba žiediniai kopūstai.

Kryptys:
a) Kai orkaitė įkaitinama, išvyniokite tofu ir supjaustykite mažais kubeliais.
b) Tuo tarpu į nedidelį dubenį supilkite pusę sezamo aliejaus, tamari, klevų sirupo, migdolų sviesto, laimų sulčių ir čili česnako padažo / raudonųjų pipirų dribsnių / korėjietiškų čili. Sumaišykite, kad integruotumėte.
c) Įdėkite keptą tofu į migdolų sviesto-tamari padažą ir leiskite marinuotis 5 minutes, kartais pamaišydami. Kuo ilgiau jis marinuojasi, tuo aštresnis skonis, tačiau manau, kad pakanka 5-10 minučių.
d) Įkaitinkite didelę keptuvę ant vidutinės ugnies. Kai karšta, įpilkite tofu, palikdami didžiąją dalį marinato.
e) Kepkite apie 5 minutes, kartais pamaišydami, kol apskrus iš visų pusių ir šiek tiek karamelizuosis. Išimkite iš keptuvės ir atidėkite į šalį.
f) Į keptuvę supilkite likusį marinato sezamų aliejų.

64. Quinoa avinžirnių Budos dubuo

Padaro 2
Ingridientai
Avinžirniai:
- 1 puodelis sausų avinžirnių.
- 1/2 arbatinio šaukštelio jūros druskos.

Kvinoja:
- 1 valgomasis šaukštas alyvuogių, vynuogių kauliukų arba avokadų aliejaus (arba kokoso).
- 1 puodelis baltosios quinoa (gerai nuplaunamas).
- 1 3/4 puodelio vandens.
- 1 žiupsnelis sveikos jūros druskos.

Kopūstai:
- 1 didelė pakuotė garbanotųjų kopūstų

Tahini padažas:
- 1/2 puodelio tahini.
- 1/4 arbatinio šaukštelio jūros druskos.
- 1/4 arbatinio šaukštelio česnako miltelių.
- 1/4 puodelio vandens.

Patiekimui:
- Šviežios citrinos sultys.

Kryptys:

a) Mirkykite avinžirnius per naktį vėsiame vandenyje arba naudokite greito mirkymo metodą: įdėkite nuplautus avinžirnius į didelį puodą ir uždenkite 2 colių vandens. Nusausinkite, nuplaukite ir vėl sudėkite į puodą.

b) Norėdami išvirti mirkytus avinžirnius, supilkite į didelį puodą ir užpilkite 2 coliais vandens. Užvirinkite ant stiprios ugnies, tada sumažinkite ugnį iki silpnos ugnies, įberkite druskos ir išmaišykite ir virkite neuždengtą 40 minučių – 1 valandą 20 minučių.

c) Išmėginkite pupeles ties 40 minučių, kad pamatytumėte, kokios jos švelnios. Kai tik paruošite, nusausinkite pupeles ir atidėkite į šalį bei pabarstykite dar šiek tiek druskos.

d) Paruoškite padažą į nedidelį dubenį suberdami tahini, jūros druską ir česnako miltelius ir išplakdami, kad susimaišytų. Tada po truputį pilkite vandenį, kol susidarys purus padažas.

e) Į vidutinę keptuvę įpilkite 1/2 colio vandens ir užvirkite ant vidutinės ugnies. Nedelsdami nukelkite kopūstą nuo ugnies ir perkelkite į nedidelį indą patiekti.

65. Lipnus tofu su makaronais

Ingridientai:
- 1/2 didelio agurko.
- 100 ml ryžių raudonojo vyno acto.
- 2 šaukštai auksinio cukraus.
- 100 ml augalinio aliejaus.
- 200 g pakuotės firminis tofu, supjaustytas 3 cm kubeliais.
- 2 valgomieji šaukštai klevų sirupo.
- 4 šaukštai rudos arba baltos miso pastos.
- 30 g baltųjų sezamų sėklų.
- 250 g džiovintų soba makaronų.
- 2 svogūnai, susmulkinti, patiekti.

Kryptys:

a) Skustuvu nupjaukite nuo agurko plonas juosteles, palikdami sėklas. Įdėkite juosteles į dubenį ir atidėkite. Keptuvėje ant vidutinės ugnies 3-5 minutes švelniai pakaitinkite actą, cukrų, 1/4 šaukštelio druskos ir 100 ml vandens, kol cukrus suskystės, tada užpilkite ant agurkų ir palikite marinuotis šaldytuve, kol ruošite tofu. .

b) Didelėje, nepridegančioje keptuvėje ant vidutinės ugnies įkaitinkite visą aliejų, išskyrus 1 valgomąjį šaukštą, kol į paviršių pradės kilti burbuliukai. Įdėkite tofu ir kepkite 7-10 minučių.

c) Mažame dubenyje sumaišykite medų ir miso. Ant lėkštės paskleiskite sezamo sėklas. Apkeptą tofu aptepkite lipniu medaus padažu ir atidėkite likučius. Tofu tolygiai apibarstykite sėklomis, pabarstykite trupučiu druskos ir palikite šiltoje vietoje.

d) Paruoškite makaronus ir supilkite likusį aliejų, likusį padažą ir 1 valgomąjį šaukštą agurkų marinavimo skysčio. Virkite 3 minutes, kol sušils.

66. Veganiškas BBQ teriyaki tofu

Ingridientai:
- 4 šaukštai mažai druskos turinčio sojos padažo.
- 2 šaukštai minkšto rudojo cukraus.
- Žiupsnelis malto imbiero.
- 2 valgomieji šaukštai mirin.
- 3 arbatinius šaukštelius sezamo aliejaus.
- 350 g blokelio itin tvirto tofu (žr. patarimą žemiau), supjaustyto storais griežinėliais.
- 1/2 šaukštelio rapsų aliejaus.
- 2 cukinijos, horizontaliai supjaustytos juostelėmis.
- 200 g minkšto stiebo brokolių.
- Baltųjų ir juodųjų sezamų sėklos, patiekimui.

Kryptys:
a) Sumaišykite sojų padažą, minkštą rudąjį cukrų, imbierą ir miriną su 1 arbatiniu šaukšteliu sezamų aliejaus ir juo aptepkite tofu gabalėlius.
b) Sudėkite juos į didelį, negilų patiekalą ir užpilkite likusį marinatą. Atvėsinkite mažiausiai 1 valandą.
c) Įkaitinkite kepsninę, kol anglys pradės šviesti baltai, arba įkaitinkite keptuvę. Likusį sezamų aliejų sumaišykite su rapsų aliejumi ir aptepkite cukinijų griežinėlius bei brokolius.
d) Kepkite juos ant žarijų 7–10 minučių arba tol, kol suskaus, tada palikite ir laikykite šiltai.
e) Kepkite tofu gabalėlius iš abiejų pusių ant žarijų 5 minutes (arba naudokite keptuvę), kol jie paruduos ir kraštai taps traškūs.
f) Patiekite tofu ant daržovių lovos su likusiu marinatu ir pabarstykite ant sezamo sėklų.

67. Plikytas tofu su ridikėliais

Ingridientai:
- 200 g kieto tofu.
- 2 valgomieji šaukštai sezamo sėklų.
- 1 valgomasis šaukštas japoniško sashimi togarashi.

Prieskonių mišinys
- 1/2 šaukštelio kukurūzų miltų.
- 1 valgomasis šaukštas sezamo aliejaus.
- 1 valgomasis šaukštas augalinio aliejaus.
- 200 g minkšto stiebo brokolių.
- 100 g cukrinių žirnelių.
- 4 ridikėliai, labai smulkiai supjaustyti.
- 2 svogūnai, atsargiai supjaustyti.
- 3 kumquatai, labai smulkiai supjaustyti.

Dėl padažo
- 2 valgomieji šaukštai mažai druskos japoniško sojų padažo.
- 2 šaukštai yuzu sulčių
- 1 arbatinis šaukštelis auksinio cukraus pudros.
- 1 mažas askaloninis česnakas, smulkiai pjaustytas.
- 1 arbatinis šaukštelis tarkuoto imbiero.

Kryptys:

a) Tofu perpjaukite pusiau, gerai uždenkite virtuviniu popieriumi ir padėkite į lėkštę. Ant viršaus uždėkite sunkią keptuvę, kad iš jos išsispaustų vanduo. Keletą kartų pakeiskite popierių, kol tofu taps sausas, tada supjaustykite stambiais gabalėliais.
b) Dubenyje sumaišykite sezamo sėklas, japoniškų prieskonių mišinį ir kukurūzų miltus. Purškite ant tofu, kol gerai sluoksniuosis. Atidėti.
c) Mažame dubenyje sumaišykite padažo ingredientus. Puode užvirkite vandens daržovėms ir didelėje keptuvėje įkaitinkite du aliejus.
d) Kai keptuvė labai įkaista, sudėkite tofu ir kepkite maždaug po 1 minutę iš abiejų pusių, kol gražiai apskrus.
e) Kai vanduo užvirs, 2–3 minutes paruoškite brokolius ir cukrinius žirnelius.

68. Rūkytos avinžirnių tuno salotos

Avinžirnių tunas:
- 15 uncijų. konservuotų ar kitaip virtų avinžirnių.
- 2-3 šaukštai nepieninio natūralaus jogurto arba veganiško majonezo.
- 2 arbatiniai šaukšteliai Dižono garstyčių.
- 1/2 arbatinio šaukštelio maltų kmynų.
- 1/2 arbatinio šaukštelio rūkytos paprikos.
- 1 valgomasis šaukštas šviežių citrinų sulčių.
- 1 saliero stiebas supjaustytas kubeliais.
- 2 laiškiniai svogūnai susmulkinti.
- Jūros druskos pagal skonį.

Sumuštinių surinkimas:
- 4 gabalėliai ruginės duonos arba daigintos kvietinės duonos.
- 1 puodelis kūdikių špinatų.
- 1 avokadas pjaustytas arba kubeliais.
- Druska + pipirai.

Kryptys:
a) Paruoškite avinžirnių tuno salotas
b) Virtuviniu kombainu sutrinkite avinžirnius, kol jie taps stambios, trapios tekstūros. Sudėkite avinžirnius į vidutinio dydžio dubenį ir sudėkite likusius aktyviuosius ingredientus, maišykite, kol gerai susimaišys. Pagardinkite daug jūros druskos pagal savo skonį.
c) Padarykite savo sumuštinį
d) Ant kiekvienos duonos riekelės sluoksniuokite mažyčių špinatų; tolygiai paskirstykite kelias kupinas avinžirnių tuno salotų. Ant viršaus užberkite avokado griežinėlių, porą grūdelių jūros druskos ir naujai maltų pipirų.

69. Daigai su šparaginėmis pupelėmis

Ingridientai:
- 600 g briuselio kopūstų, supjaustytų ketvirčiais ir supjaustytų.
- 600 g šparaginių pupelių.
- 1 valgomasis šaukštas alyvuogių aliejaus.
- 1 citrinos žievelė ir sultys.
- 4 valgomieji šaukštai skrudintų pušies riešutų.

Kryptys:
a) Virkite porą sekundžių, tada sudėkite daržoves ir maišydami pakepinkite 3-4 minutes, kol daigai šiek tiek nusidažys.
b) Įpilkite citrinos sulčių ir druskos bei pipirų pagal skonį.

70. Grybų plovas

Padaro 2

Ingridientai
- 1 puodelis kanapių sėklų
- 2 šaukštai kokosų aliejaus
- 3 vidutiniai grybai, smulkiai supjaustyti
- 1/4 puodelio pjaustytų migdolų
- 1/2 puodelio daržovių sultinio
- 1/2 arbatinio šaukštelio česnako miltelių
- 1/4 arbatinio šaukštelio džiovintų petražolių
- Druska ir pipirai pagal skonį

Kryptys
a) Keptuvėje ant vidutinės ugnies įkaitinkite kokosų aliejų ir leiskite užvirti. Į keptuvę sudėkite pjaustytus migdolus ir grybus, kai tik pradės burbuliuoti.
b) Į keptuvę suberkite kanapių sėklas, kai grybai suminkštės. Viską kruopščiai išmaišykite.
c) Supilkite sultinį ir prieskonius.
d) Sumažinkite ugnį iki vidutinės-žemos ir leiskite sultiniui įsigerti ir užvirti.

71. Veganiškos kopūstų salotos

Padaro 3

Ingridientai
- 1/4 savojos kopūsto galvos
- 1/3 puodelio veganiško majonezo
- 1 valgomasis šaukštas citrinos sulčių
- 1 arbatinis šaukštelis Dižono garstyčių
- 1/4 arbatinio šaukštelio česnako miltelių
- 1/4 arbatinio šaukštelio svogūnų miltelių
- 1/4 arbatinio šaukštelio pipirų
- 1/8 arbatinio šaukštelio paprikos
- Žiupsnelis druskos

Kryptys
a) Savojos kopūstą supjaustykite išilgai, kad kiekviena sruogelė švariai atsiskirtų nuo kopūsto.
b) Sumaišykite kopūstą su visais kitais ingredientais maišymo dubenyje. Mesti aplink.

72. Daržovių mišinys

Padaro 2

Ingridientai
- 6 šaukštai alyvuogių aliejaus
- 240 g Baby Bella grybų
- 115 g brokolių
- 90 g aitriosios paprikos
- 90 g špinatų
- 2 valgomieji šaukštai moliūgų sėklų
- 2 arbatiniai šaukšteliai malto česnako
- 1 arbatinis šaukštelis druskos
- 1 arbatinis šaukštelis pipirų
- 1/2 arbatinio šaukštelio raudonųjų pipirų dribsnių

Kryptys
a) Wok keptuvėje ant stiprios ugnies įkaitinkite alyvuogių aliejų. Įdėkite česnaką ir kepkite minutę.
b) Kai česnakas pradės ruduoti, suberkite grybus ir išmaišykite, kad susimaišytų.
c) Kai grybai sugers didžiąją dalį aliejaus, suberkite brokolius, paprikas ir viską gerai išmaišykite.
d) Suberkite visus prieskonius ir moliūgų sėklas.
e) Kai daržovės bus paruoštos, apibarstykite jas špinatais ir leiskite garams nuvyti.
f) Viską sumaišykite ir patiekite, kai špinatai suvys.

73. Skrudintos pekano šparaginės pupelės

Padaro 4

Ingridientai
- 1 svaras žaliųjų pupelių
- 1/4 puodelio alyvuogių aliejaus
- 1/2 puodelio kapotų pekano riešutų
- 1 citrinos žievelė
- 2 arbatiniai šaukšteliai malto česnako
- 1 arbatinis šaukštelis raudonųjų pipirų dribsnių

Kryptys
a) Virtuvės kombainu susmulkinkite pekano riešutus.
b) Šparagines pupeles sumaišykite su alyvuogių aliejumi, citrinos žievele, smulkintu česnaku ir raudonųjų pipirų dribsniais.
c) Įkaitinkite orkaitę iki 350 ° F ir kepkite šparagines pupeles 20-25 minutes.
d) Papuoškite maltais pekano riešutais.

74. Kepti kopūstų daigai

Padaro 2

Ingridientai
- 1/2 maišelio kopūstų daigų
- Aliejus giliam kepimui
- Druska ir pipirai pagal skonį

Kryptys
a) Gilioje keptuvėje įkaitinkite aliejų, kol jis įkais.
b) Kopūstų daigus sudėkite į gruzdintuvės krepšelį.
c) Virkite kopūstų daigus, kol svogūnėlio kraštai paruduos, o lapai taps tamsiai žali.
d) Išimkite iš krepšelio ir nusausinkite riebalų perteklių ant popierinių rankšluosčių.
e) Įberkite druskos ir pipirų pagal skonį ir mėgaukitės!

75. Ant grotelių keptos daržovės

Padaro 6 porcijas

Ingridientai
- 2 vidutinės cukinijos
- 8 uncijų grybai
- 2 paprikos
- 4 šaukštai avokadų aliejaus
- 1/2 arbatinio šaukštelio džiovinto raudonėlio
- 1/2 arbatinio šaukštelio džiovinto baziliko
- 1/4 arbatinio šaukštelio česnako miltelių
- 1/2 arbatinio šaukštelio džiovinto rozmarino

Kryptys

a) Aliejų sumaišykite su džiovintais prieskoniais. Įberkite žiupsnelį druskos ir pipirų.

b) Supilkite daržoves su marinatu ir palikite 10 minučių ar ilgiau, kol kaitinsite kepsninę.

c) Daržoves kepkite ant gana karštos ugnies. Virkite daržoves, kol jos taps traškios, ir patiekite!

76. Mišrios žalios salotos

Padaro 1

Ingridientai
Salotos
- 2 OZ. Mišrūs žalumynai
- 3 valgomieji šaukštai skrudintų pušies riešutų arba migdolų
- 2 valgomieji šaukštai pageidaujamos vinaigretės
- 2 valgomieji šaukštai nuskusto parmezano
- 1 avokadas, kauliukas ir odelė pašalinta ir supjaustyta
- Druska ir pipirai pagal skonį

Kryptys
a) Patiekimas: Suberkite žalumynus su pušies riešutais ir vinigretu.
b) Pagardinkite druska ir pipirais pagal skonį ir papuoškite parmezano drožlėmis.
c) Mėgautis.

77. Tofu ir bok choy salotos

Padaro 3

Ingridientai
- 15 uncijų. Ypač tvirtas tofu
- 9 uncijos. Bok Choy

Marinatas
- 1 valgomasis šaukštas sojų padažo
- 1 valgomasis šaukštas sezamo aliejaus
- 1 Šaukštas Vanduo
- 2 arbatiniai šaukšteliai malto česnako
- Sultys 1/2 citrinos

Padažas
- 1 stiebas žaliasis svogūnas
- 2 valgomieji šaukštai kalendros, susmulkintos
- 3 šaukštai kokosų aliejaus
- 2 šaukštai sojų padažo
- 1 valgomasis šaukštas Sriracha
- 1 valgomasis šaukštas žemės riešutų sviesto
- 1/2 laimo sultys
- 7 lašai skystos stevijos

Kryptys
a) Įkaitinkite orkaitę iki 350 laipsnių pagal Farenheitą.
b) Maišymo dubenyje sumaišykite visus marinato ingredientus (sojų padažą, sezamo aliejų, vandenį, česnaką ir citriną).
c) Tofu supjaustykite kvadratėliais ir sumaišykite su marinatu plastikiniame maišelyje. Marinuokite 10 minučių ar ilgiau.
d) Išimkite tofu ir kepkite 15 minučių ant kepimo skardos.
e) Maišymo inde sumaišykite visus padažo ingredientus.
f) Išimkite tofu iš orkaitės ir sumaišykite tofu, bok choy ir padažą salotų dubenyje.

78. Veganiškos agurkų salotos

Padaro 1

Ingridientai
- 3/4 didelio agurko
- 1 pakelis Shirataki makaronų
- 2 Valgomieji šaukštai kokosų aliejaus
- 1 vidutinis pavasarinis svogūnas
- 1/4 arbatinio šaukštelio raudonųjų pipirų dribsnių
- 1 valgomasis šaukštas sezamo aliejaus
- 1 arbatinis šaukštelis sezamo sėklų
- Druska ir pipirai pagal skonį

Kryptys
a) Keptuvėje ant vidutinės-stiprios ugnies įkaitinkite 2 šaukštus kokosų aliejaus.
b) Sudėkite makaronus ir uždenkite. Kepkite 5-7 minutes arba kol taps traškūs ir apskrus.
c) Išimkite Shirataki makaronus iš keptuvės ir nusausinkite ant popierinių rankšluosčių. Atidėti.
d) Smulkiai supjaustykite agurką ir sudėkite į dubenį. Sumaišykite su svogūnais, raudonųjų pipirų dribsniais, sezamo aliejumi ir makaronais.
e) Pagal skonį pagardinkite druska ir pipirais.
f) Papuoškite sezamo sėklomis ir patiekite lėkštėje.

79. Tempeh ir saldžiosios bulvės

Padaro 4 porcijas

Ingridientai
- 1 svaro tempe
- 2 šaukštai sojos padažo
- 1 arbatinis šaukštelis maltos kalendros
- 1/2 arbatiniai šaukšteliai ciberžolės
- 2 šaukštai alyvuogių aliejaus
- 3 dideli askaloniniai česnakai, susmulkinti
- 1 arba 2 vidutinės saldžiosios bulvės, nuluptos ir supjaustytos 1/2 colio kubeliais
- 2 arbatinius šaukštelius tarkuoto šviežio imbiero
- 1 puodelis ananasų sulčių
- 2 arbatinius šaukštelius šviesiai rudojo cukraus
- 1 laimo sultys

Kryptys

a) Vidutiniame puode su verdančiu vandeniu, virkite tempeh 30 minučių. Perkelkite į negilų dubenį. Įpilkite 2 šaukštus sojos padažo, kalendros ir ciberžolės, išmeskite, kad padengtų. Atidėti.

b) Didelėje keptuvėje ant vidutinės ugnies įkaitinkite 1 valgomąjį šaukštą aliejaus. Įpilkite tempeh ir kepkite, kol apskrus iš abiejų pusių, maždaug 4 minutes iš kiekvienos pusės. Išimkite iš keptuvės ir atidėkite į šalį.

c) Toje pačioje keptuvėje ant vidutinės ugnies įkaitinkite likusius 2 šaukštus aliejaus. Sudėkite askaloninius česnakus ir saldžiąsias bulves. Uždenkite ir kepkite, kol šiek tiek suminkštės ir lengvai paruduos, apie 10 minučių.

d) Įmaišykite imbierą, ananasų sultis, likusį 1 šaukštą sojų padažo ir cukraus, išmaišykite.

e) Sumažinkite ugnį iki minimumo, įpilkite virtos tempės, uždenkite ir virkite, kol bulvės suminkštės, maždaug 10 minučių. Tempeh ir saldžiąsias bulves perkelkite į serviravimo indą ir laikykite šiltai.

f) Į padažą įmaišykite laimo sultis ir troškinkite 1 minutę, kad susimaišytų skoniai.

g) Padažą apšlakstykite tempe ir nedelsdami patiekite.

80. Korėjos quinoa salotos

Dėl salotų:
- 1/2 puodelio virtos quinoa Aš naudojau raudonos ir baltos spalvos derinį.
- 3 valgomieji šaukštai tarkuotų morkų.
- 2 valgomieji šaukštai raudonųjų pipirų, kruopščiai supjaustyti.
- 3 valgomieji šaukštai agurkų, smulkiai pjaustytų.
- Jei užšaldytas, 1/2 puodelio edamame atšildytas.
- 2 svogūnai, smulkiai pjaustyti.
- 1/4 puodelio raudonųjų kopūstų, smulkiai pjaustytų.
- 1 valgomasis šaukštas kalendros, kruopščiai supjaustytos.
- 2 valgomieji šaukštai skrudintų žemės riešutų, susmulkintų (nebūtina).
- Pagal skonį druskos.

Korėjos žemės riešutų padažas:
- 1 valgomasis šaukštas kreminio natūralaus žemės riešutų sviesto.
- 2 arbatinius šaukštelius mažai druskos turinčio sojos padažo.
- 1 arbatinis šaukštelis ryžių acto.
- 1/2 arbatinio šaukštelio sezamo aliejaus.
- 1/2 - 1 arbatinio šaukštelio sriracha padažo (nebūtina).
- 1 česnako skiltelė, kruopščiai susmulkinta.
- 1/2 arbatinio šaukštelio tarkuoto imbiero.
- 1 arbatinis šaukštelis citrinos sulčių.
- 1/2 arbatinio šaukštelio agavos nektaro (arba medaus).

Kryptys:
a) Paruoškite korėjietišką žemės riešutų padažą;
b) Sumaišykite visus ingredientus, skirtus nedideliam dubeniui, ir sumaišykite, kol gerai susimaišys.
c) Norėdami pagaminti salotas:
d) Sumaišykite quinoa su daržovėmis maišymo dubenyje. Įdėkite padažą ir gerai išmaišykite, kad susimaišytų.
e) Ant viršaus užbarstykite skrudintų žemės riešutų ir patiekite!

81. Cilantro užpiltas avokado laimo šerbetas

Padaro 4

Ingridientai
- 2 avokadai (pašalinta kauliukas ir oda)
- 1/4 puodelio eritritolio, miltelių pavidalo
- 2 vidutiniai laimai, išspausti sultimis ir nulupti
- 1 puodelis kokosų pieno
- 1/4 arbatinio šaukštelio skystos stevijos
- 1/4 - 1/2 puodelio kalendros, kapotos

Kryptys
a) Puode užvirinkite kokosų pieną. Įdėkite laimo žievelę.
b) Leiskite mišiniui atvėsti ir tada užšaldykite.
c) Virtuvės kombainu sumaišykite avokadą, kalendrą ir laimo sultis. Pulsuokite, kol mišinys pasidarys tirštas.
d) Kokosų pieno mišinį ir skystą steviją užpilkite ant avokadų. Plakite mišinį, kol pasieks reikiamą konsistenciją. Šiai užduočiai atlikti reikia maždaug 2-3 minučių.
e) Grąžinkite į šaldiklį atšildyti arba patiekite iš karto!

82. Moliūgų pyrago sūrio pyragas

Padaro 1

Ingridientai
Pluta
- 3/4 puodelio migdolų miltų
- 1/2 puodelio linų sėmenų miltai
- 1/4 puodelio sviesto
- 1 arbatinis šaukštelis moliūgų pyrago prieskonių
- 25 lašai skystos stevijos

Užpildymas
- 6 uncijos. Veganiškas kreminis sūris
- 1/3 puodelio moliūgų tyrės
- 2 šaukštai grietinės
- 1/4 puodelio veganiškos sunkiosios grietinėlės
- 3 Šaukštai Sviesto
- 1/4 arbatinio šaukštelio moliūgų pyrago prieskonių
- 25 lašai skystos stevijos

Kryptys
a) Sumaišykite visus sausus ingredientus ir gerai išmaišykite.
b) Sutrinkite sausus ingredientus su sviestu ir skysta stevija, kol susidarys tešla.
c) Savo mažoms pyrago formoms tešlą iškočiokite į mažus rutuliukus.
d) Tešlą spauskite prie pyrago formos kraštų, kol ji pasieks ir pakils į šonus.
e) Dubenyje sumaišykite visus įdaro ingredientus.
f) Įdaro ingredientus sutrinkite panardinamu trintuvu.
g) Kai įdaro ingredientai bus lygūs, paskirstykite juos į plutą ir atvėsinkite.
h) Išimkite iš šaldytuvo, supjaustykite ir, jei norite, užpilkite plakta grietinėle.

83. Mokos ledai

Padaro 2

Ingridientai
- 1 puodelis kokosų pieno
- 1/4 puodelio veganiškos sunkiosios grietinėlės
- 2 valgomieji šaukštai eritritolio
- 20 lašų skystos stevijos
- 2 šaukštai kakavos miltelių
- 1 valgomasis šaukštas tirpios kavos
- Mėtų

Kryptys
a) Sumaišykite visus ingredientus, tada perkelkite į ledų gaminimo aparatą ir plakite pagal gamintojo instrukcijas 15-20 minučių.
b) Kai ledai švelniai sustings, iš karto patiekite su mėtų lapeliu.

84. Vyšnių ir šokolado spurgos

Sudaro 12

Sausi ingredientai
- 3/4 puodelio migdolų miltų
- 1/4 puodelio auksinių linų sėmenų miltelių
- 1 arbatinis šaukštelis kepimo miltelių
- Žiupsnelis druskos
- 10 g juodojo šokolado plytelės, supjaustytos gabalėliais

Šlapieji ingredientai
- 2 dideli kiaušiniai
- 1 arbatinis šaukštelis vanilės ekstrakto
- 2 1/2 šaukštai kokosų aliejaus
- 3 šaukštai kokosų pieno

Kryptys
a) Dideliame dubenyje sumaišykite sausus ingredientus (išskyrus juodąjį šokoladą).
b) Sumaišykite šlapius ingredientus ir tada sudėkite į tamsaus šokolado gabaliukus.
c) Prijunkite spurgų gamintoją ir, jei reikia, sutepkite.
d) Supilkite tešlą į spurgų kepimo indą, uždarykite ir kepkite apie 4-5 minutes.
e) Sumažinkite ugnį iki minimumo ir virkite dar 2-3 minutes.
f) Pakartokite su likusia tešla ir tada patiekite.

85. Gervuogių pudingas

Padaro 1

Ingridientai
- 1/4 puodelio kokosų miltų
- 1/4 arbatinio šaukštelio kepimo miltelių
- 2 Valgomieji šaukštai kokosų aliejaus
- 2 šaukštai veganiško sviesto
- 2 valgomieji šaukštai veganiškos riebios grietinėlės
- 2 arbatiniai šaukšteliai citrinų sulčių
- 1 citrinos žievelė
- 1/4 puodelio gervuogių
- 2 valgomieji šaukštai eritritolio
- 20 lašų skystos stevijos

Kryptys
a) Įkaitinkite orkaitę iki 350 laipsnių pagal Farenheitą.
b) Išsijokite sausus ingredientus ant šlapių komponentų ir maišykite mažu greičiu, kol gerai susimaišys.
c) Padalinkite tešlą tarp dviejų ramekinų.
d) Gervuoges įspauskite į tešlos viršų, kad jos tolygiai pasiskirstytų tešloje.
e) Kepkite 20-25 minutes.
f) Patiekite su grietinėle ant viršaus!

86. Moliūgų pyragas su klevų sirupu

Padaro 8 porcijas

Ingridientai
- 1 veganiška pyrago pluta
- 1 (16 uncijų) skardinė kieta moliūgų pakuotė
- 1 (12 uncijų) pakuotė ypač tvirto šilkinio tofu, nusausinta
- 1 puodelis cukraus
- 2 arbatinius šaukštelius malto cinamono
- 1/2 arbatinio šaukštelio maltų kvapiųjų pipirų
- 1/2 arbatinio šaukštelio malto imbiero
- 1/2 arbatinio šaukštelio malto muskato riešuto

Kryptys

a) Moliūgą ir tofu sutrinkite virtuviniu kombainu iki vientisos masės. Sudėkite cukrų, klevų sirupą, cinamoną, kvapiuosius pipirus, imbierą ir muskato riešutą iki vientisos masės.

b) Įkaitinkite orkaitę iki 400 laipsnių pagal Farenheitą.

c) Užpildykite plutą įdaru. Kepkite 15 minučių 350 ° F temperatūroje.

87. Kaimiškas kotedžo pyragas

Padaro nuo 4 iki 6 porcijų

Ingridientai
- Yukon Gold bulvės, nuluptos ir supjaustytos kubeliais
- 2 šaukštai veganiško margarino
- 1/4 puodelio paprasto nesaldinto sojų pieno
- Druska ir šviežiai malti juodieji pipirai
- 1 valgomasis šaukštas alyvuogių aliejaus
- 1 vidutinio dydžio geltonasis svogūnas, smulkiai pjaustytas
- 1 vidutinė morka, smulkiai pjaustyta
- 1 saliero šonkaulis, smulkiai pjaustytas
- 12 uncijų seitano, smulkiai supjaustyto
- 1 puodelis šaldytų žirnelių
- 1 puodelis šaldytų kukurūzų branduolių
- 1 arbatinis šaukštelis džiovintų pikantiškų
- 1/2 arbatinio šaukštelio džiovintų čiobrelių

Kryptys

a) Puode su verdančiu pasūdytu vandeniu 15–20 minučių virkite bulves, kol suminkštės.
b) Gerai nukoškite ir grąžinkite į puodą. Įpilkite margarino, sojų pieno ir pagal skonį druskos bei pipirų.
c) Stambiai sutrinkite bulvių trintuvu ir atidėkite į šalį. Įkaitinkite orkaitę iki 350°F.
d) Didelėje keptuvėje ant vidutinės ugnies įkaitinkite aliejų. Sudėkite svogūną, morką ir salierą.
e) Uždenkite ir virkite, kol suminkštės, apie 10 minučių. Perkelkite daržoves į 9 x 13 colių kepimo skardą. Įmaišykite seitano, grybų padažo, žirnių, kukurūzų, pikantiškų ir čiobrelių.
f) Pagal skonį pagardinkite druska, pipirais ir tolygiai paskleiskite mišinį kepimo skardoje.
g) Ant viršaus uždėkite bulvių košę, paskleiskite iki kepimo formos kraštų. Kepkite, kol bulvės paruduos, o įdaras ims burbuliuoti, apie 45 minutes.
h) Patiekite iš karto.

88. Šokoladinis amaretto fondiu

Padaro 4 porcijas

Ingridientai
- 3 uncijos nesaldinto kepimo šokolado
- 1 puodelis riebios grietinėlės
- 24 pakeliai aspartamo saldiklio
- 1 valgomasis šaukštas cukraus
- 1 arbatinis šaukštelis amaretto
- 1 arbatinis šaukštelis vanilės ekstrakto
- Uogos, ½ puodelio vienai porcijai

Kryptys
a) Šokoladą sulaužykite į mažus gabalėlius ir sudėkite į 2 puodelių stiklinę su grietinėle.
b) Kaitinkite mikrobangų krosnelėje, kol šokoladas išsilydys, apie 2 minutes. Plakite, kol mišinys taps blizgus.
c) Įpilkite saldiklio, cukraus, amareto ir vanilės, plakite, kol masė taps vientisa.
d) Perkelkite mišinį į fondiu puodą arba serviravimo dubenį. Patiekite su uogomis panardinimui.

89. Plokštės su aviečių kukuliu

Padaro nuo 2 iki 4 porcijų
Ingridientai
- 1 puodelis pieno
- 1 puodelis pusantro
- 2 dideli kiaušiniai
- 2 dideli kiaušinių tryniai
- 6 pakeliai saldiklio aspartamo
- $\frac{1}{4}$ arbatinio šaukštelio košerinės druskos
- 1 arbatinis šaukštelis vanilės ekstrakto
- 1 puodelis šviežių aviečių

Kryptys

a) Ant grotelių apatiniame orkaitės trečdalyje padėkite kepimo skardą, užpildytą 1 coliu vandens.
b) Sviestu ištepkite šešis ½ colio ramekinus. Pakaitinkite pieną ir pusę pieno mikrobangų krosnelėje ant didelės (100 procentų galios) 2 minutes arba ant viryklės vidutinio dydžio puode, kol sušils.
c) Tuo tarpu vidutiniame dubenyje išplakite kiaušinius ir kiaušinių trynius iki putų.
d) Karštą pieno mišinį palaipsniui įmaišykite į kiaušinius. Įmaišykite saldiklį, druską ir vanilę. Supilkite mišinį į paruoštus ramekinus.
e) Sudėkite į vandens pripildytus puodus ir kepkite, kol kremas sustings, apie 30 minučių.
f) Išimkite indus iš kepimo skardos ir atvėsinkite iki kambario temperatūros ant grotelių, tada maždaug 2 valandas laikykite šaldytuve, kol atvės.
g) Norėdami pagaminti kulisą, avietes tiesiog sutrinkite virtuvės kombainu. Įpilkite saldiklio pagal skonį.
h) Norėdami patiekti, perbraukite po šaukštą per kiekvieno kremo kraštą ir išverskite ant desertinės lėkštės.
i) Pabarstykite kubeliais ant kreminio kremo viršaus ir užbaikite keletą šviežių aviečių ir mėtų šakele, jei naudojate.

90. Vaisių rutuliukai burbone

Padaro 2 porcijas

Ingridientai
- ½ puodelio melionų rutuliukų
- ½ puodelio per pusę perpjautų braškių
- 1 valgomasis šaukštas burbono
- 1 valgomasis šaukštas cukraus
- ½ pakelio aspartamo saldiklio
- Šviežių mėtų šakelės papuošimui

Kryptys
a) Stikliniame inde sumaišykite meliono rutuliukus ir braškes.
b) Sumaišykite su burbonu, cukrumi ir aspartamu.
c) Uždenkite ir šaldykite iki patiekimo. Vaisius šaukštu dėkite į desertinius patiekalus ir papuoškite mėtų lapeliais.

91. Česnakų rančo padažas

Ingridientai
- 1 arbatinis šaukštelis česnako miltelių
- 2 šaukštai majonezo
- 2 arbatiniai šaukšteliai Dižono garstyčių
- 2 šaukštai šviežių citrinų sulčių
- Druska ir šviežiai malti juodieji pipirai pagal skonį

Kryptys
a) Sumaišykite visus ingredientus salotų dubenyje.
b) Sumaišykite su salotomis ir patiekite.

92. Raudonųjų svogūnų ir kalendros padažas

Ingridientai

- 1 arbatinis šaukštelis smulkiai supjaustyto raudonojo svogūno
- $\frac{1}{2}$ arbatinio šaukštelio smulkiai supjaustyto kristalizuoto imbiero
- 1 valgomasis šaukštas blanširuotų ir pjaustytų migdolų
- 2 arbatinius šaukštelius sezamo sėklų
- $\frac{1}{4}$ arbatinio šaukštelio anyžių sėklų
- 1 arbatinis šaukštelis maltos šviežios kalendros
- $\frac{1}{8}$ arbatinio šaukštelio kajeno
- 1 valgomasis šaukštas baltojo vyno acto
- 1 valgomasis šaukštas aukščiausios kokybės pirmojo spaudimo alyvuogių aliejaus

Kryptys

a) Mažame dubenyje sumaišykite svogūną, imbierą, migdolus, sezamo sėklas, anyžių sėklas, kalendrą, kajeną ir actą.

b) Įmaišykite alyvuogių aliejų, kol gerai susimaišys.

93. Dilly ranch kreminis padažas

Ingridientai
- 2 šaukštai majonezo
- 1 valgomasis šaukštas smulkiai pjaustytų šviežių krapų
- 1 valgomasis šaukštas baltojo vyno acto
- 1 arbatinis šaukštelis Dižono garstyčių

Kryptys
a) Sumaišykite visus ingredientus salotų dubenyje.
b) Pabarstykite salotomis ir patiekite.

94. Karštas cha cha padažas

Ingridientai
- 1 valgomasis šaukštas aukščiausios kokybės pirmojo spaudimo alyvuogių aliejaus
- 1 valgomasis šaukštas majonezo
- 2 šaukštai švelnios arba karštos salsos
- $\frac{1}{4}$ arbatinio šaukštelio šviežiai maltų juodųjų pipirų
- $\frac{1}{8}$ arbatinio šaukštelio maltų kmynų
- 1 arbatinis šaukštelis česnako miltelių
- $\frac{1}{4}$ arbatinio šaukštelio raudonėlio
- Kajenas pagal skonį (nebūtina)
- Druska ir šviežiai malti juodieji pipirai pagal skonį

Kryptys

a) Nedideliame dubenyje kruopščiai sumaišykite visus ingredientus.

b) Paragaukite ir sureguliuokite prieskonius.

95. Cajun stiliaus vinaigretas

Ingridientai

- 2 šaukštai raudonojo vyno acto
- ½ arbatinio šaukštelio saldžiosios paprikos
- ½ arbatinio šaukštelio grūdėtųjų Dižono garstyčių
- ⅛ arbatinio šaukštelio kajeno arba pagal skonį
- ⅛ arbatinio šaukštelio (ar mažiau) cukraus pakaitalo, pasirinktinai arba pagal skonį
- 2 šaukštai aukščiausios kokybės pirmojo spaudimo alyvuogių aliejaus
- druskos ir šviežiai maltų juodųjų pipirų pagal skonį

Kryptys

a) Sumaišykite visus ingredientus salotų dubenyje. Paragaukite ir sureguliuokite prieskonius.

b) Ant viršaus uždėkite žalumynų salotas, išmeskite ir patiekite.

96. Garstyčių vinaigretas

Ingridientai

- 2 šaukštai aukščiausios kokybės pirmojo spaudimo alyvuogių aliejaus
- 2 arbatiniai šaukšteliai grūdėtųjų garstyčių
- 1 valgomasis šaukštas česnako miltelių
- ½ arbatinio šaukštelio paruoštų krienų
- 2 šaukštai raudonojo vyno acto
- ¼ arbatinio šaukštelio cukraus
- Druska ir šviežiai malti juodieji pipirai pagal skonį

Kryptys

a) Sumaišykite visus ingredientus salotų dubenyje. Paragaukite ir sureguliuokite prieskonius.
b) Sluoksniuokite su salotų žalumynais ir išmaišykite prieš pat patiekiant.

97. Imbiero ir pipirų vinaigretas

Ingridientai
- 1 valgomasis šaukštas ryžių vyno acto
- ¼ arbatinio šaukštelio cukraus
- 1 česnako skiltelė, smulkiai pjaustyta
- ½ arbatinio šaukštelio smulkiai pjaustyto šviežio imbiero
- ¼ arbatinio šaukštelio susmulkintų džiovintų karštų čili
- ¼ arbatinio šaukštelio sausų garstyčių
- ¼ arbatinio šaukštelio sezamo aliejaus
- 2 šaukštai augalinio aliejaus

Kryptys
a) Sumaišykite visus ingredientus salotų dubenyje. Paragaukite ir sureguliuokite prieskonius.

b) Sluoksniuokite su salotų žalumynais ir išmaišykite prieš pat patiekiant.

98. Citrusinis vinaigretas

Ingridientai
- 1 valgomasis šaukštas šviežių citrinų sulčių
- 1 valgomasis šaukštas šviežių laimo sulčių
- 1 valgomasis šaukštas šviežių apelsinų sulčių
- 1 arbatinis šaukštelis ryžių vyno acto
- 3 šaukštai aukščiausios kokybės pirmojo spaudimo alyvuogių aliejaus
- ½ arbatinio šaukštelio cukraus
- Druska ir šviežiai malti juodieji pipirai pagal skonį

Kryptys
a) Sumaišykite visus ingredientus dideliame salotų dubenyje. Ant užpilo sluoksniuokite salotų lapus.
b) Išmaišykite prieš pat patiekiant.

99. Baltųjų pipirų ir gvazdikėlių įtrinkite

Ingridientai
- ¼ puodelio baltųjų pipirų
- 1 valgomasis šaukštas maltų kvapiųjų pipirų
- 1 valgomasis šaukštas malto cinamono
- 1 valgomasis šaukštas malto pikantiško
- 2 šaukštai sveikų gvazdikėlių
- 2 šaukštai malto muskato riešuto
- 2 šaukštai paprikos
- 2 šaukštai džiovintų čiobrelių

Kryptys

a) Visus ingredientus sumaišykite trintuve arba virtuvės kombainu.

b) Laikyti indelyje su sandariai užsukamu dangteliu.

100. Sausas čili įtrinimas

Ingridientai
- 3 šaukštai česnako miltelių
- 3 šaukštai paprikos
- 1 valgomasis šaukštas čili miltelių
- 2 arbatinius šaukštelius druskos
- 1 arbatinis šaukštelis šviežiai maltų juodųjų pipirų arba pagal skonį
- $\frac{1}{4}$ arbatinio šaukštelio kajeno

Kryptys
a) Prieskonių mišinį sutrinkite virtuviniu kombainu arba blenderiu arba naudokite grūstuvą.
b) Laikyti indelyje su sandariai užsukamu dangteliu.

IŠVADA

Jei manote, kad korėjietiškas maistas yra tik ant grotelių kepta mėsa ir kepta vištiena, pagalvokite dar kartą! Tradiciškai korėjiečių virtuvė labai priklauso nuo grūdų, ankštinių augalų ir daržovių. Mėsos buvo nedaug, todėl mūsų protėviai nevalgė tiek mėsos, kiek mes šiais laikais.

www.ingramcontent.com/pod-product-compliance
Lightning Source LLC
Chambersburg PA
CBHW070403120526
44590CB00014B/1234